대전여지도
1

일러두기
본 원고는 문화예술잡지 《월간 토마토》 지면에 실린 것입니다.
지역 명칭 및 인물의 나이는 《월간 토마토》 지면에 실린 당시를 기준으로 표기하였습니다.

대전여지도

1

이용원 글·사진

토마토

공간은 소비되는 것이 아니라

쌓이는 것이다.

대전 중구 은행동 목척마을

여는 글

"아들, 밥은 먹었어?"

희미해진 마을을 찾고 싶었다.

추석 연휴 마지막 날 즈음이었다. 휴일이었지만 밀린 마감 때문에 길을 나섰다. 마을에 찾아가는 일이야 평일, 휴일 크게 상관없었다. 오랜 휴식으로 몸이 좀 무거울 뿐이었다. 대청호에 바짝 붙은 마을이었던 것으로 기억한다. 집이 몇 채 없었다. 답사 마을은 행정구역을 기본으로 하지만, 현장에서 보고 생활권 단위로 묶는 것이 일반적이다. 삶의 경계가 행정 편의를 위해 갈라놓은 경계와 늘 일치하는 것은 아니다.

가을 하늘은 아름다웠고 대청호에서 불어오는 바람도 무척 좋았던 것으로 기억한다. 조용하고 한적한 마을을 느리게 걷고 있을 즈음 대문 밖 마당에 철푸데기 앉은 할머니 한 분을 만났다. 할머니는 대청호에 시선을 던져둔 채 미동도 하지 않았다. 뻗은 다리는 반쯤 구부러져 아무렇게나 놓여 있었다. 머리는 수건으로 감싸 뒤꼭지에서 꼭 묶은, 여느 시골마을에서 흔히 만나는 할머니 모습 그대로였다. 옆으로 다가가 너스레를 떨었다. 할머니는 아무런 경계도 없이 곁을 내주었다. 할머니는 먼저 세상을 떠난 남편을 생각하고 있었다. 한없이 다정했던 남편 이야기부터 전라도에서 태어나 예쁨 받던 어린 시절 이야기까지 한참을 쏟아 냈다. 돌아가신 외할머니 생각이 났다. 이야기를 마친 할머니는 내 손보다 훨씬 두꺼운 손을 쫙 펴서는 내 등을 쓰다듬었다.

"아들, 밥은 먹었어?"

눈물이 왈칵 쏟아졌다. 얼굴을 돌렸다. 눈물을 보여서는 안 될 것만 같아 그리했다. 창피해서가 아니었다. 영문을 도무지 알 수가 없어, '왜 그러느냐?' 물어보면 대답할 말이 궁색했기 때문이다.

2007년 《월간 토마토》 창간 때부터 지금까지 이어 오는 기획이 '대전여지도'다. 우리가 사는 공간과 그 위에 펼쳐진 삶을 기록하는 작업은 그것이 어디건 누구건 소중하다. '대전여지도'는 이런 생각을 바탕에 두고 진행한 기획이다. 오랜 전통마을이 개발로 사라지거나 마을이 담은 이야기를 올곧이 기억하는 사람이 점점 줄어드는 상황에서 기록은 더 필요하고 중요하다.

도시의 대표적 주거 형태인 아파트를 건설하며 우리는 많은 것을 잃었다. 가장 큰 이유는 아무래도 '자본'의 침투일 것이다. '돈'은 우리의 삶 곳곳을 황폐하게 만들었고, 그것이 주거공간으로 들어오면서 우리는 치졸하고 이기적으로 돌변했다. 그로 인해 도시 안에서 우리는 고립되었다. 등을 쓰다듬는 시골마을 할머니의 손길에서 느낀 건 결국 '위로'였다.

마을을 찾아다니며 만나는 사람들에게서 얼마나 많은 위로를 받았는지 모른다. 점심을 먹고 찾아 들어간 시골마을에서 다시 밥상을 받기 일쑤였고 아무럴 것도 없는 평범한 할아버지와 할머니의 삶에서 큰 가르침을 받았다. 새카맣게 그을리고 깊게 팬 주름 안에 온전히 녹아 있는 '삶'이 무엇인지 어렴풋이 깨달았다. 학교에서는 배울 수 없는 것이었다.

우리는 이미 많은 것을 잃어버렸다는 사실을 외면한 채, 지금도 수천 년 수만 년 동안 지구가 잉태한 자연 곳곳을 파헤치거나 수백 년 동안 이어 온 삶의 터전을 뭉개어 콘크리트 덩어리로 채운다. 이렇게 시간이 흐르다가는 정작 우리가 잃어버린 것이 무엇인지, 그 흔적조차 발견할 수 없을지도 모른다는 절망감에 휩싸였다. 전문성이나 깊이가 부족해도, 몇 장의 사진과 몇몇 사람의 증언을 듣고 마을을 기록하는 작업일지라도 의미가 있을 것이라는 희망을 담아 지금까지 작업을 이어 왔다.

중구 대흥동·선화동·은행동 등 대전역과 옛 충남도청이 생기면서 근대 도심지로 개발된 곳들에 남은 과거의 흔적, 보문산을 중심으로 한 옥계동·부사동·대사동 등의 정겨운 골목 풍경, 안영동·금동·무수동 등의 자연마을, 이 모두가 우리가 보존하거나 올바로 가꾸어야 할 중요한 삶터이다.

2007년도 원고부터 모아 놓다 보니 이미 사라져 버린 마을도 있고, 그때와는 많이 달라진 마을도 있다. 그래서 더 애틋하다. 그 시간 거기 있던 것들을 그대로 불러내는 심정으로 지역 명칭이며 소소한 내용을 당시에 기록한 대로 살려 두었다. 지면에 실었던 시기를 원고 끝에 붙여 두었으니 이때 이곳은 이러했구나 하며 헤아려 주시면 좋겠다.

중구편을 모아 놓은 『대전여지도1』을 시작으로 동구, 서구, 유성구, 대덕구 대전 전 지역을 담은 시리즈를 출간할 계획이다. 한국 잡지사에 큰 획을 그은 한창기 선생의 《뿌리깊은 나무》가 선보인 '한국의 발견 시리즈'처럼 '대전여지도 시리즈'는 수도권 집중현상과 도시개발의 확대로 나날이 사라지는 토박이 문화와 지역 고유의 공간, 사람의 모습을 기록하고, 마땅히 보존해야 할 것에 힘을 싣는 작업이다. '대전여지도 시리즈' 출간으로 대전 전 지역의 마을과 길, 사람의 모습을 담는 방대한 프로젝트가 확산되기를 바란다. 시리즈의 첫 책을 부끄럽지만 세상에 내어놓는다.

2016년 초가을
이용원

「대전여지도 1」에 나오는 대전광역시 중구 지역

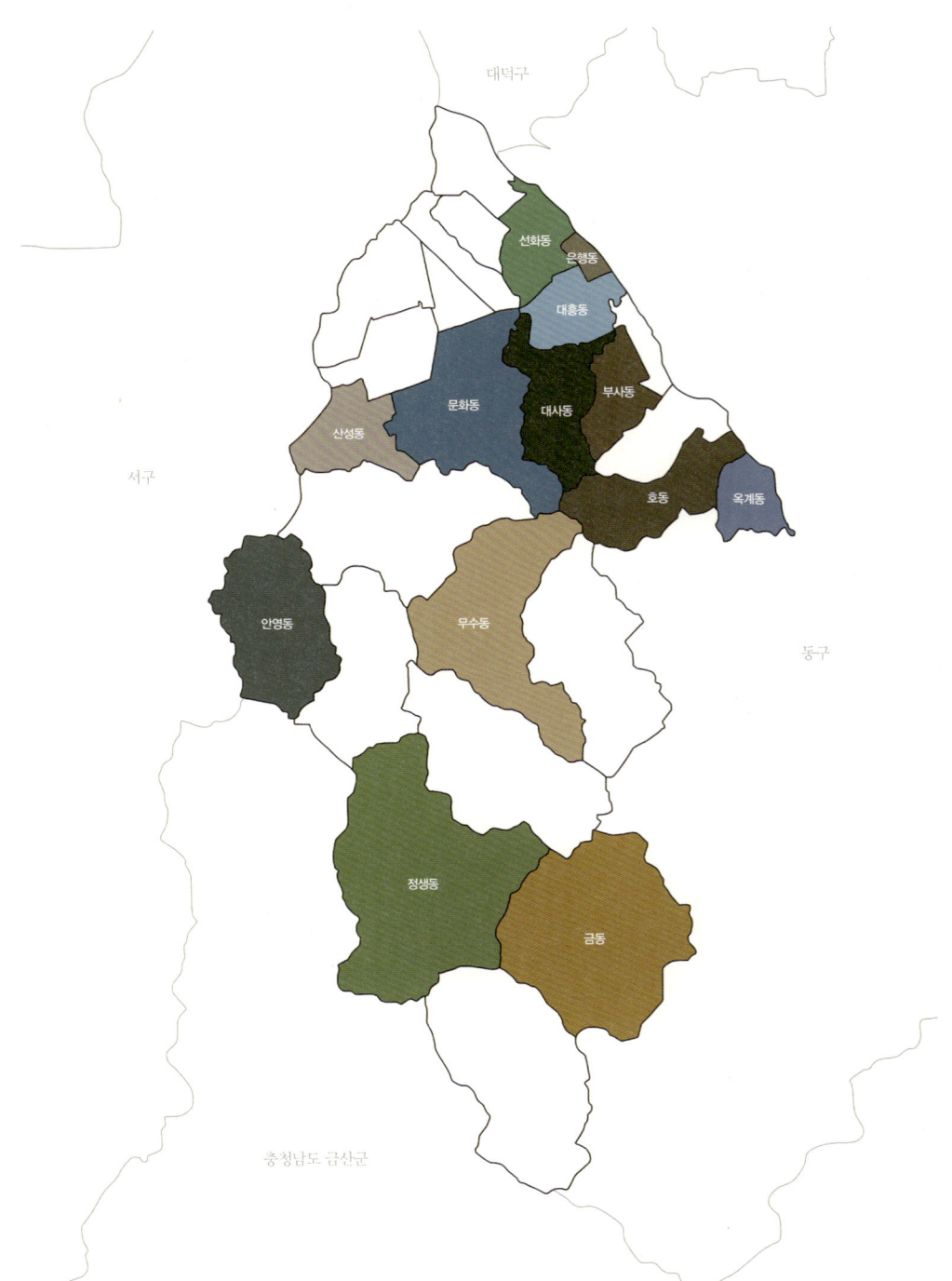

차례

여는 글
"아들, 밥은 먹었어?" 006

1부 골목에서 만나다

- 대전 중구 대사동 한절골마을
  높은 축대 속에서 느껴지는 시간의 흐름 017

- 대전 중구 대사동 솔밭마을
  보문산에서 내려온 바람, 솔밭자리에서 서성인다 033

- 대전 중구 옥계동 옥계초등학교 주변
  햇살 가득한 골목에서 아이들은 '재잘재잘' 049

- 대전 중구 호동
  호랑이 등짝에 몸을 기대고 063

- 대전 중구 부사동 사득길
  부용과 사득의 애틋한 사랑 담은 곳 075

- 대전 중구 문화동 천근이마을
  세상의 뒷전으로 밀려난 외로운 마을 089

2부 산자락에 기댄 마을

- **대전 중구 안영동 검은바우마을**
  독고댕이에서 다듬잇돌 예쁘게 만들었는데… 103

- **대전 중구 금동**
  대전에서 만난 '강원도의 힘' 115

- **대전 중구 무수동**
  300년 전통마을, 세상을 향해 손 내밀다 129

- **대전 중구 정생2동 사기점골마을과 답적골마을**
  산과 내, 그리고 나무 143

- **대전 중구 산성동 탑골마을**
  보문산 바람 내려와 조용히 머물다 떠나는 마을 157

- **대전 중구 산성동 금터골마을과 맹이마을**
  마을 품은 보문산 자락 대부분 사라지고 173

3부 원도심의 기억

- **대전 중구 은행동 목척마을**
  U-City를 꿈꾸던 마을, 지금은 침묵시위 중 … 189

- **대전 중구 대흥3동 재개발정비사업지구**
  텅 빈 마을엔 목련꽃만 흐드러지게 피고… … 203

- **대전 중구 대흥동 학교 주변**
  정겨운 골목, 40년 훌쩍 넘은 태창문구 고스란히 … 219

- **대전 중구 대흥동 수도산 남쪽 마을**
  수도산에서 보문산으로 이어지는 등성이에 올라앉은 마을 … 233

- **대전 중구 대흥동 대전극장 주변**
  젊은 거리로 늘 북적였던 대전극장통 … 245

- **대전 중구 대흥동 옛 중구청 주변**
  옛 대흥동의 정취를 찾아 헤매다 … 259

- **대전 중구 선화동**
  선화동에 서면 대전이 보인다 … 271

- **대전 중구 선화동 주택환경개선사업 선화1지구**
  여전히 마당엔 석류가 익어 가고 있었다 … 283

- **대전 중구 선화1동 갤러리아백화점 뒤편**
  칼국수 가게가 많이 모여 있는 그 골목 … 297

1부

골목에서 만나다

대전 중구 대사동

높은 축대 속에서 느껴지는
시간의 흐름

대사동 한절골마을

높은 축대 속에서 느껴지는
시간의 흐름

　대전광역시 중심에 있는 보문산은 많은 마을을 품었다. 옛 충남도청을 바라보며 북쪽 방향 산자락에는 마을이 빼곡히 들어찼다. 대사동 역시 보문산에 의지해 들어선 마을이다. 보문산에서 흘러내렸는지, 도심에서 보문산을 향해 기어 올라간 것인지 헷갈리는 골목이 부챗살 모양으로 퍼졌다.
　보문 오거리에서 부사동 쪽으로 치우친 마을은 '독특한 분위기'를 자아낸다. 대전 산자락 동네는 소박한 단층 주택이 대부분이다. 그런데, 이쪽은 좀 다르다. 집이 깔고 앉은 터도 널찍하고 건축양식과 정원 등이 소박한 수준은 넘어섰다.

"과거에는 이 동네에 교수, 검사, 판사 등이 많이 살았어요. 한국은행 총재 했던 전철환 교수 집도 있었고, 대덕군 시절에 조 군수라는 사람 집도 있었어요. 저 위에 올라가면 김지미 집이라고 불렸던 데도 있어요. 나훈아하고 같이 살았던 집이지요. 나도 두 사람을 직접 봤는데…. 1978년 정도였던 것으로 기억하는데."

이 동네에서 40여 년 살았다는 주민 이야기다. 한때 부와 권력, 명예를 가진 사람이 많았다는 동네는 지금도 비슷했다. 대전 인근에서 들으면 알 만한 사업체를 운영하는 사람이 제법 모여 살았다. 그래서인지 호기심을 불러일으키는 독특한 건축양식의 주택과 눈길을 잡아 두는 정원수가 눈에 띄었다.

축대 높은 아름다운 건축물 곳곳에

아쉬운 것은 이곳도 주택재개발 사업 열풍을 빗겨 가지 못했다는 점이다. 제일 큰 골목에는 '정비구역지정승인'을 축하하는 현수막이 내걸렸다. 언제 사업을 시작할지 몰라도 지금 모습을 볼 날이 길지 않다는 생각에 괜히 섭섭하다.

기왕에 온 것, 김지미 씨와 나훈아 씨가 살았다는 집을 찾아 나섰다. 지극히 세속적인 호기심이지만 풀고 싶었다. 마침 장에 갔다 돌아오는 주민이 동행을 허락했다. 같은 골목에 사는 주민이었다. 평탄한 길은 금방 끝나고 산자락 마을답게 경사도가 꽤 급한 길로 접어든다.

"공기도 좋고 조용하고 정말 살기 좋은 동네인데 겨울에는 많이 불편해요. 그나마 지난겨울에는 눈이 적게 내려서 다행이었는데, 눈이 많이 내리면 정말 어려워요."

수도 없이 올랐을 길일 텐데 아주머니는 숨이 가쁘다. 경사를 없애기 위해

"공기도 좋고 조용하고 정말 살기 좋은 동네인데 겨울에는 많이 불편해요.
그나마 지난겨울에는 눈이 적게 내려서 다행이었는데,
눈이 많이 내리면 정말 어려워요."

분위기가 묘하다.
시간의 흐름이 분명 저 아랫동네와 다른 듯하다.

산자락에 올라선 마을이라 축대가 높다.

산자락을 뚝 잘라 절개지 처리를 하는 것보다는 훨씬 자연 순응적이긴 하다. 어느 정도 올라서니 일부러 구획 정리라도 한 것처럼 단을 이뤄 주택이 들어섰다. 대전에서 축대가 그리도 높은 집을 처음 봤다. 그것도 한 채가 아니라 골목 윗부분 전체가 그렇다. 보문산 자락 경사를 돌과 콘크리트를 이용해 극복했다. 흡사 성처럼 높이 솟아오른 축대 위로 아무것도 보이지 않았다. 높이 쌓아 올린 축대와 시원하게 펼쳐진 풍경, 우리에게 낯설지 않은 풍경인데 이날만큼은 이국적이기까지 했다. 본 적은 있지만 일상적으로 볼 수 있는 풍경은 아니기 때문이다.

김지미와 나훈아가 살던 곳으로 유명

그 골목 끝 즈음에 당대 최고 연예인 김지미 씨와 나훈아 씨가 함께 살았던 집이 있었다. 흰색 페인트를 깨끗하게 칠해 둔 집은 그리 커 보이지는 않았지만 아담하니 예뻤다. 게다가 집 앞으로 막힌 데가 없어 대전 원도심이 한눈에 잡힌다. 대문 사이로 언뜻 전망 좋은 곳에 자리한 정자가 보였다.

계단에 앉아 담배를 피던 주민이 살갑게 말을 건다.

"옛날에 그 집에 김지미하고 나훈아하고 살았어요. 집이 좋아 보여도 겨울이면 추워요. 옛날에 지은 집이라서 수리하지 않으면 무척 춥지요."

분위기가 묘하다. 시간의 흐름이 분명 저 아랫동네와 다른 듯하다. 큰 도로와 접한 곳은 세월의 변화를 감지하며 변화를 시도하고 있는 반면 조금 거리가 있는 곳은 그냥 무심하게 제 시간을 살아가고 있는 듯했다. 높은 축대 속에서 말이다. 그 '여유'가 결코 답답해 보이지 않았다. 골목을 빠져나와 일월사 쪽으로 올라갔다가 산자락을 횡으로 가르는 도로로 접어들었다.

김지미와 나훈아가 살았다는 집.

도로는 마치 방화선처럼 더는 주택의 진입을 허락하지 않는 강한 의지를 담은 듯하다. 인간이 만든 도로인데 말이다. 이른 하굣길에 나선 인근 남대전고등학교 학생들이 드문드문 눈에 띈다. 길과 나무, 학생이 제법 잘 어울린다. 공기도 풍광도 길도 좋다.

도로 옆, 안전 때문에 세워 둔 것으로 보이는 담장 너머로 한밭종합운동장과 멀리 식장산까지 눈에 들어온다. 발길을 멈추고 굽은 담장 너머로 주변을 바라보는 재미가 쏠쏠하다.

아름다운 이 길은 저 멀리 부사동까지 이어진다. 답사 지역이 아니니 중간에

도로는 마치 방화선처럼 더는 주택의 진입을 허락하지 않는 강한 의지를 담은 듯하다.
이른 하굣길에 나선 인근 남대전고등학교 학생들이 드문드문 눈에 띈다.
길과 나무, 학생이 제법 잘 어울린다.

1950년대 문을 연 대전화교소학.

서 동네로 내려서야 하는데, 없을 것만 같던 곳에 계단이 있다. 2010년 들어선 지장사라는 절과 1970년대 초반에 세운 삼문사라는 절 옆으로 이어진 계단이다. 삼문사는 천태종 사찰로 4층 목조 건물이 웅장하다. 지장사는 조계종 사찰로 일반 가정주택을 개조한 형태다. 종파가 다른 사찰 두 곳이 나란히 어우러져 있는 모습이 인상적이다. 삼문사와 그림 같은 집 한 채를 양 옆으로 두고 내려가면 '대전화교소학'이 나온다. 이름에서 알 수 있듯 화교가 다니는 학교다. 대전에 유일한 화교학교로 1950년대 이미 문을 열었다고 한다. 아담한 운동장과 북동쪽을 막아 둔 대숲이 아름답다. 무척 오랫동안 운동장을 지켰을 플라타너스는 가지치기를 했고 교실과 운동장을 나누며 곧게 뻗은 나무도 인상적이었다.

유난히 많았던 막다른 골목

달리 연결되는 골목이 안 보여 큰길까지 내려와 다시 골목으로 올라갔다. 부사동과 맞닿은 대사동 마을 끝은 대전화교소학을 기준으로 건너편 마을과는 또 달랐다. 우선, '암자'가 무척 많았다. 대사동에 전반적으로 많지만 이곳에 더 많았다. 바로 이웃한 부사동에 있는 것까지 눈에 들어와서 더 그런 생각을 했는지도 모르겠다.

주택도 전형적인 아담한 개인주택과 다가구주택 형태의 주거공간이 복합적으로 분포한다. 다른 마을보다는 막힌 골목이 훨씬 많은 것도 특징이었다. 걸핏 하면 길을 되짚어 나와야 했다. 그래도 골목은 깨끗했고 단정했다. '장미'를 키우는 집이 많다는 점도 다른 동네와 조금 다른 점이었다. 꽃망울을 활짝 터뜨린 장미꽃과 한데 어우러진 골목이 아름다웠다. 손바닥만 한 공터에는 어김없이 상추와 같은 푸성귀를 심어 살뜰한 우리네 생활양식을 보여 주었다.

막다른 골목 안에서도 다른 골목과 연결 지점을 만들 조각 땅이라도 있으면 계단을 만들었다. 사각을 정확하게 맞춘 계단이 아니고 지형에 맞춘 모양새에, 급하지 않은 편차가 무척 인간적으로 보이는 계단이었다.

정작 이번 답사에서 보문산 정상 쪽으로는 발길을 들이지 않았지만, 대사동에 있다는 것만으로도 보문산이 가슴에 들어왔다. 겸손한 마음으로 산과 하천에 의지하며 삶을 풀었던 그 시대의 흔적이 그나마 남아 있었기 때문일 게다. 대사동은 무지개처럼 다양한 색깔을 담고 있다.

2011년 6월 50호

대전 중구 대사동

보문산에서 내려온 바람,
솔밭자리에서 서성인다

대사동 솔밭마을

보문산에서 내려온 바람,
솔밭자리에서 서성인다

 마을엔 시원한 솔밭이 있었다. 꽤 넓은 솔밭엔 작은 주막도 있고 평상도 있었다. 더운 여름, 밤이면 동네 주민이 모여 이야기도 나누고 막걸리 잔도 기울였다. 큰소리 내며 싸워도 다음 날 또 그곳에 모여 막걸리 잔 주고받으면, 그걸로 끝이었다.
 그 솔밭은 흔적도 없이 사라졌다. 그 자리는 대자연아파트 단지와 차가 빽빽하게 들어찬 공터로 변했다. 4차선 넓은 도로도 뚫렸다. 아예 길이 없던 곳이다. 솔밭은 그렇게 없어졌다. 우리가 '도시'라는 환상에 사로잡혀 정말 소중한 것을 생각하지 못하는 집단 최면에 빠져드는 순간이었을 게다. 솔밭이 사라진 마을에 접한 도로 쪽에 축대를 쌓아 신경 쓰지 않으면 그냥 지나치기 십상이다. 그곳에 마을이 웅크리고 앉아 내려다보고 있을 거라곤, 상상하기 쉽잖다.

그 순간 말이다. 그래도 '솔밭말'이라는 마을 이름은 남았다. 좋은 솔밭이 마을 앞을 지켜 줘 붙은 이름이다.

마을 역사 오리무중 속 근대 추정

솔밭마을은 행정구역상 대전광역시 중구 대사동에 속한다. 보문산 북쪽 사면에 들어섰다. 충남대학교 소아과병동 옆에서 한밭도서관으로 이어지는 도로 옆에 있는 마을이다. 40여 년 그 자리를 지킨 솔밭상회가 마을 초입이다. 그 솔밭상회에서 동쪽으로 마을이 뻗었다. 마을에 접한 도로 쪽에 축대를 쌓아 신경 쓰지 않으면 그냥 지나치기 십상이다. 그곳에 마을이 웅크리고 앉아 내려다보고 있을 거라곤, 상상하기 쉽잖다. 이런 현실이 마을을 지켜 주었는지도 모른다.

옛날 솔밭이었던 공터에 자동차를 세우고 걸어 올라가야 한다. 그 좁은 공터에 채소를 심는 일이 많았는지 '경작 금지' 안내 푯말이 위협적(?)으로 서 있다. 이 땅이 충남대학교 병원 소유라는 걸 알 수 있다. 경작 보상과 관련해 세운 푯말일 터이고 이곳이 공터로 남아 있을 시간이 그리 멀지 않았음을 의미하기도 한다.

마을 주민 중에 솔밭마을 형성에 대해 아는 사람은 만날 수 없었다. 심지어 대전향토사료관에서 정리한 자료 '대사동 편'에는 아예 솔밭마을에 관한 언급이 없다. 약 40년 전, 1973년 주택을 구입해 이 마을에 들어왔다는 정진철(77) 씨도 마을 유래는 잘 몰랐다. 이사 왔을 당시 지금보다는 적은 가구가 이 마을에 살고 있었다는 정도만 기억했다.

솔밭이 남아 있고 4차선 도로가 뚫리기 훨씬 전, 이곳은 그냥 보문산 북쪽 사면이었을 게다. 사람이 살았더라도 한두 가구 아니었을까? 지금과 같은 형

계단식 형태로 들어선 집은 아랫집 지붕을 올곧이 내려다본다. 이런 상황이니, 지붕을 활용하기도 편하다.

태의 마을 꼴은 비교적 근대에 일제 강점기 철도 부설 노동자나 한국 전쟁 직후 피난민이 개척하지 않았나 싶다.

이 마을에서 만난 나동호(72) 씨는 이곳 주택 대부분은 터 임자와 건물 임자가 달랐다고 말했다. '국가 땅'이라고 표현했다. 그냥 한 집 두 집 들어와 터를 잡고 살았다. 그런 집은 국가에 토지세를 냈단다. 그러다 국가에서 얼마 만에 한 번씩 땅을 불하할 때 그 땅을 산 집은 터까지 온전히 소유할 수 있었다. 지금도 여전히 터 임자와 주인이 다른 경우도 있다. 역사가 깊은 전통마을은 이런 사례가 드물다.

아기자기한 공간, 살아 있는 '회색빛'

솔밭마을은 전형적인 산동네다. 차는 고사하고 자전거와 오토바이도 바듯이 들어갈 만큼 좁은 골목이 마을 전체를 휘감고 있다. 집을 지을 때 산 사면을 과하게 정리하지 않아, 그 옛날 그냥 산이었을 때 어떤 모습이었을지 충분히 짐작할 정도다. 그러니 경사가 무척 급하다.

계단식 형태로 들어선 집은 아랫집 지붕을 올곧이 내려다본다. 이런 상황이니, 지붕을 활용하기도 편하다. 굳이 사다리가 없어도 텃밭이나 스티로폼 화분에 키운 고추 정도는 그냥 지붕에 올려 말릴 수 있다. 주택은 차지한 면적에서 최대한 창의성을 발휘해 다양한 형태로 진화했다. 아기자기한 그 공간 활용 지혜에 입이 떡 벌어진다. 미니어처같이 귀엽고, 비밀 벙커가 떠오르는 집도 있다. 이쪽 골목에서 보이는 저쪽 끝 집이 포근하다. 다양한 주택 형태가 무척 인상적이다. 아파트나 주택 업자가 일률적으로 지은 주택단지와는 느낌이 사뭇 다르다. 획일화된 가치와 삶을 강요하는 세상에서 숨통을 터 주는 느낌이다.

솔밭마을은 전형적인 산동네다.
차는 고사하고 자전거와 오토바이도 바듯이
들어갈 만큼 좁은 골목이 마을 전체를 휘감고 있다.

누군가에게는 치열한 삶일 수도 누군가에게는 평온한 휴식처일 수도 있는 곳을 감상하듯 바라보는 것이 민망했지만, 삶의 색깔과 향기를 담고 있는 공간은 떨칠 수 없는 유혹으로 계속 말을 걸었다. 회색빛 콘크리트인데 따뜻하다.

감나무보다 밤나무가 많이 보이는 것도 특징이었다. 가시를 잔뜩 세운 밤송이는 여름 햇살에 싱그럽다. 아무래도 산마을이라 밤나무가 많은 모양이다. 과장을 좀 보태면 밤나무보다 훨씬 많은 것은 절이다. 공식적으로 절을 표방한 곳도 있고 그 건축 형태가 절과 유사한 곳도 있지만 그냥 옆집과 다를 것 없는 집에 절 표시나 표지판을 달아 둔 곳도 많았다. 주민은 절과 보살이 살고 있는 집으로 구별했다. 언제부터 절과 보살이 살고 있는 집이 많이 들어서게 된 것인지는 잘 모르겠으나, 보문산의 영험한 기운이 내려와 모이는 곳이라 생각했을지도 모를 일이다. 솔밭마을이 속한 대사동이 큰 절이라는 뜻의 한절골에서 그 이름이 유래한 것도 재미있다.

시골처럼 인심 좋던 마을

파란 하늘을 배경으로 다양한 꼴을 갖춘 회색빛이 강한 주택이 마냥 예뻐 보이는 것은 아니다. 그 속에 세월과 함께 주민의 고난도 고스란히 쌓여 있다. 그런 흔적은 어렵지 않게 볼 수 있다. 겨울눈이 내렸을 때 바로 치우지 않으면 옴짝달싹 못한다. 지금이야 집집마다 수도가 들어오지만 과거에는 솔밭마을 근처에 있던 우물까지 내려가서 물지게에 물을 떠, 그 가파른 마을 길을 오르내려야 했다. 조금 시간이 지나서는 물을 받아 놓고 양수기로 각 집마다 퍼 올리는 임시방편을 마련했지만 그 역시 순서를 지켜야 했고 제한적이어서 불편이 완전히 해소되지는 않았다.

이 마을을 드나들며 삶을 지원하는 사람들도 힘들기는 매한가지였다. 프로판 가스통은 젊은 배달원에게도 힘에 부치는 일이다. 더군다나 지금처럼 더울 때는 말이 필요 없다.

나동호 씨

"땀 뻘뻘 흘리면서 올라오면 안쓰럽지. 시원한 물이나 수박 한 조각이라도 대접해야지. 그리고 배달료를 조금씩 더 받고, 더 주고 그래. 오토바이로 올 수 있는 건 한결 수월해. 여기도 짜장면 시키면 와. 배달 음식은 다 오지. 옛날에 연탄 땔 때는 오토바이 개조해서 100장씩 싣고 올라왔는데. 다 살게 되어 있어."

작은 집 옥상에 폐 장롱을 뜯어 직접 그럴듯한 창고를 지은 나동호(72) 씨 얘기다. 너무 더우면 대신초등학교 즈음에 있는 경로당에 솔밭마을 사람들도 에어컨 바람 쐬러 가지만 나 씨 아저씨는 안 간다. 그곳에는 한 80세는 되어야 어른 취급 받지 갓 70세 넘어 가지고는 노인 행세도 못 한단다. 그냥 문만 열어 놓으면 산에서 내려오는 바람이 시원하니 괜찮다.

"이 동네에 앉아 있으면 다 발 아래지. 지금처럼 저렇게 아파트 많이 짓기 전에는 맑은 날 저 멀리 엑스포공원 있는 데까지 보였어. 지금은 가리는 게 많아

안 보이지만. 마찬가지로 저 아래서도 이 동네가 잘 보였지. 언제던가 전국 체육대회 하는데 시에서 페인트칠을 싹 해 준 적도 있어. 다른 도시에서 사람들이 오는데 칙칙한 마을 보여 주고 싶지 않았던 게지."

조만간 이 마을에 소방도로가 뚫린다. 길이 좁아 늘 화재에 대한 두려움이 있었는데, 공사 계획이 잡혔단다. 마을 어느 집인가는 뜯길 것이고 좁은 골목은 차가 다닐 수 있을 정도로 넓어질 것이다.

바람이 서성이는 곳

나 씨 아저씨 시선을 따라 아래를 내려다보니 삐죽거리며 서 있는 아파트와 빌딩이 한눈에 들어온다. 도시 남쪽을 제외하곤 다 보인다. 시원하다. 아파트와 빌딩이 새로 올라가고 길이 새로 나는 걸 위에서 지켜보며 솔밭마을 사람들은 무슨 생각을 했을지 궁금하다.

동네에서 만난 주민은 솔밭마을에는 시골에서 도시로 나온, 가진 것 없는 사람들이 주로 모여 살아서 그런지 가난해도 인심은 좋았다고 말한다. 꼭 시골같이 그랬다. 지금은 옛날 그 느낌이 없다. 한 50여 호 모여 사는 마을에, 오랜 세월 이 마을에 살아온 사람들은 많이 남지 않았다. 빈집도 늘고 간혹 세를 얻어 새로 들어오는 사람들과는 왕래가 잘 없다.

그래도 보문산에서 불어오는 바람은 여전히 시원하다. 솔밭마을 골목을 휘휘 돌며 장난치던 바람은 마을 앞 공터에 모여 서성였다.

2012년 9월 65호

대전 중구 옥계동

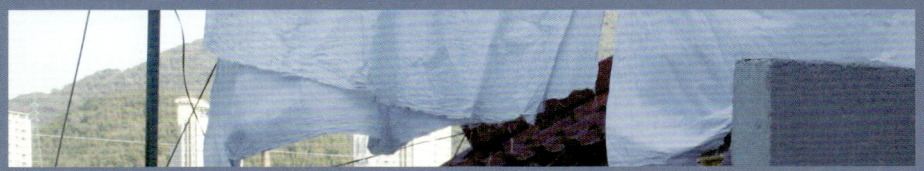

햇살 가득한 골목에서 아이들은 '재잘재잘'

옥계동 옥계초등학교 주변

햇살 가득한 골목에서 아이들은 '재잘재잘'

'4×6' 옥계초등학교 주변 마을 블록이다. 스물네 개 상자가 있고 그 사이사이에 골목이 나 있다. 상자 하나에 스무 채 안팎의 개인주택이나 빌라형 공동주택이 들어가 있다. 옥계동 전체가 이 블록 안에 모두 들어오는 건 아니다. 이번에 답사한 구역이 그렇다는 얘기다.

정확하게 반듯하진 않지만 레고로 만든 블록 마을 같다. 금산군에서 대전광역시로 들어오는 대종로 좌측편이고 보문산 자락 아래다. 옥계초등학교를 기점으로 남·동쪽 방향으로 답사를 진행했다. 1982년 12월 석교초등학교에서 분리한 옥계초등학교는 '옥동자를 키우는' 학교다. 담장을 없앴고 후문이 있어

옥계초등학교 후문의 히말라야시다 한 그루.

대전천 건너 가오동 아파트 단지가 한눈에 들어온다.

야 할 자리에는 육중한 철문 대신 히말라야시다 한 그루가 멋지게 자란다. 나무 주변에 둥글게 쉼터를 만들고 그 주변에 돌로 만든 의자를 두어 아이들과 동네 주민이 함께 앉아 따사로운 햇볕을 쬔다. 시골마을처럼 노인 인구가 많은데, 여전히 학교 앞에 아이들이 재잘거리는 소리와 골목을 뛰어다니는 소리가 있어 정겹다.

학교 옆으로는 보문산 자락이 남북 방향으로 길게 이어진다. '4×6' 중 '6'에 해당한다. 보문산 자락에 구조물이라 할 만한 건 뜬금없는 골프 연습장, 한산 이씨 시조인 목은 이색 牧隱 異色 영정을 모신 영당과 관리사택이 전부다. 알뜰하게 일군 산비탈 텃밭을 제외하면 그렇다. 보문산 자락에서 내려온 가을이, 오후

목은 이색 영정을 모신 영당. 굴삭기 삽날 자국이 있는 큰 바위.

들면서 그늘이 지기 시작한 보문산 산밑 도로를 가득 채웠다. 상대적으로 지대가 높은 그곳에서 대전천 건너 가오동 아파트 단지가 한눈에 들어온다. 아직 대전천 건너로는 햇살이 가득하다. 도로는 한쪽에 차를 주차하고 남은 공간으로 차 한 대가 지나갈 정도 폭이다. 주민 몇을 만났지만 모두 이사 온 지 몇 년 지나지 않은 사람뿐이다. 하긴, 원주민이라고 해 봐야 이곳에 거주한 지 40년이 채 안 되었을 게다.

길이 보문산 자락에 막혀 동쪽으로 급하게 꺾이는 지점에 목은 이색 영정을 모신 영당과 관리사택이 보문산 쪽으로 붙어 있다. 또 그 지점 건너편으로 굴삭기 삽날로 긁어낸 자국으로 보이는 상처를 가진, 제법 큰 바위가 놓여 있다. 그 바위 한쪽 끝은 건물을 부순 후 임시로 흙을 부어 놓은 나대지가 이어져, 이

여전히 학교 앞에 아이들이 재잘거리는 소리와 골목을 뛰어다니는 소리가 있어 정겹다.

바위 실제 크기는 가늠하기 어렵다. 규모와 위치로 보아 사연이나 전설, 이름 쯤은 갖고 있을 거라 짐작했지만 마을에서 확인할 수는 없었다.

골목에는 강아지와 고양이, 그리고 아이들 　　대전광역시 중구 옥계동은 행정동으로 이웃 석교동에 속한다. '4×6'이라는 수식에서 눈치챘겠지만 이번 답사 구역은 철저하게 구획을 정리해 의도적으로 만든 주택단지다. 1980년 전후로 주민이 집을 짓고 살기 시작한 근대 주택단지다. 마을 이름 유래를 물으려야 물을 사람이 없었다. 대전역사박물관은 "대전천 물이 용머리를 적시는데 이것이 옥계수(옥처럼 맑은 물)와 같다고 하여 옥계라고 한다"라고 지명 유래를 설명한다. 용머리는 또 무엇인가 싶어 찾아보니 같은 자료에 "옥계동 천주교회 서쪽 산밑 부근에 있는 마을이다. 마을 뒷산이 튀어나와 둠벙에 이어진 모양이 용이 물을 먹는 모습 같다고 하여 용머리라 하게 되었다"라고 적혀 있다. 마을 뒷산이면 보문산인데, 현재 모습에서 산자락이 대전천에 닿으려면 금산 방면으로 더 내려가 옥계교 근방까지 가야 한다. 옥천천주교회하고는 많이 떨어진 지점이다. 대전천 옛 물길이 지금보다 서쪽으로 훨씬 붙어 흘렀다면 가능한 일이지만 좀 무리가 있어 보인다. 용머리마을이 이번 답사 구역이 아닌 것은 확실하다.

목은 이색 영당에서 동쪽으로 꺾어 내려오면서 '4'에 해당하는 길을 오르락내리락하기로 마음먹는다. 답사 구역을 빠짐없이 볼 수 있는 방법이다. 정확한 규칙은 아니었지만 보문산 자락에 붙을수록 더 오래된 집이 눈에 많이 띈다. 대전천 쪽으로 내려갈수록 비교적 최근에 새로 짓거나 수리한 흔적이 역력한 개인주택과 빌라, 원룸 등 다세대주택이 많다.

마당에서 팥을 까고 있는 현예분 씨와 박순자 씨

차량 두 대, 혹은 한 대가 넉넉하게 지나갈 정도 폭을 갖춘 골목은 무척 정겹다. 학교 수업을 마치고 하교하는 아이들의 재잘거림도 들리고 경쾌한 발걸음으로 겅중겅중 뛰어 다니는 강아지와 담벼락 아래 몸을 편안하게 뉘고 털을 고르는 고양이도 쉽게 본다. 무엇보다 형태가 다른 개인주택과 주인 성향이 드러나는 정원수를 보는 재미가 쏠쏠하다.

낮 시간이라 그런지 대문이 대부분 닫혀 있었지만 현예분(79) 씨 집은 대문이 활짝 열려 있었다. 이웃 박순자(70) 씨가 놀러와 함께 마당에서 팥을 까는 모습이 여느 농촌마을 풍경을 닮았다.

"옛날에는 여기 마을 없었어. 맨 밭이었지. 그러다 지금처럼 집이 들어선 게 30년 정도밖에 안 되었어. 지금은 골목에 아스팔트 포장이라도 했지만 처음 들어왔을 때는 그냥 흙땅이어서 비 오면 장화 신고 다녔지. 수도도 없어서 지하수 파 가지고 집집마다 먹었고."

모암골짜기 약수터 유명

금산군과 가까워서인지 마을 주민 중에 금산 출신 사람이 제법 많았다. 이번 답사 구역에 새 지번 표기는 '모암로'다. 모암이라는 지번 이름에 영향을 준 곳은 옥계초등학교 뒤쪽 골짜기다. 그곳을 모암골짜기라 불렀고 그곳에 있는 약수터는 모암약수다.

"지금도 그렇지만 옛날에는 더 유명했던 약수터야. 밤 11시, 12시까지 사람들이 줄을 서서 물을 떠갔다니까. 지금은 그 뭐냐 정수기가 생기면서 덜하지만."

"그냥 샘 밑에 조그만 옹달샘이었는데 지금은 지붕도 해 뒀잖아. 피부병에 걸리거나 옻올랐을 때 좋다는 이야기도 있었지. 이 근방 사람뿐만 아니라 부사동, 가오동, 천동에서 사람들이 몰려들었어."

　현예분 씨와 박순자 씨가 주거니 받거니 모암약수터에 관한 이야기를 풀어놓는다. 최근 들어 빌라 등 공동주택이 많이 들어서는 것은 영 탐탁지 않은 모양이다. 일부 구역에서는 일조권과 조망권 때문에 마찰도 좀 있었던 모양이다. 무엇보다 골목에 차량 통행량이 많아지면서 시끄럽고 위험한 게 영 마뜩찮다.

　오르락내리락 골목을 걷다 한 공터에 마련한 밭에 물을 주고 풀을 뽑는 박우전(77) 씨 부부를 만났다. 물은 골목을 사이에 두고 공터와 마주한 박 씨 집에서 길어 왔다. 농약을 하지 않았더니 벌레가 많이 먹었다고 박 씨 아내가 말한다.

　"1970년대 여기가 체비지替費地로 나왔을 때 집터하고 여기 이 공터하고 샀지. 저 집은 1981년에 지었어. 둔산동에 공군비행장 있고 그 뒤에 벽돌 공장이

옥계침례교회.

있었는데. 그 공장에 가서 벽돌을 사다가 지은 집이야. 여기가 주택지로는 참 좋은데, 우리랑 같이 집 짓고 이사 왔던 사람은 거의 이사 나갔지. 자식 시집 장가보내고 돈도 벌 만큼 벌었으니 아파트에서 산다고 다 이사 간 거지."

체비지는 도시개발을 위해 토지구획정리사업지구를 선정한 후 공공시설 설치 등 시행에 필요한 자금을 조달하기 위해 지구내 개인토지 점유 면적에 따라 감보율減步率을 적용해 확보한 토지다. 옥계동 일대가 이런 일련의 과정을 거쳐 1970년대 토지구획정리사업이 이루어졌다는 것을 알 수 있다. 골목 모퉁이에 서 있는 옥계침례교회 머릿돌에 건축년도를 살펴보니 '1982년 6월 16일'이다.

따사로운 햇살 맞으며 골목을 대종로 큰길에 닿아서는 상가다. 철물점과 지물포, 작은 가게, 가스충전소, 주유소, 정육점, 식당, 미용실 등 다양한 가게가 자리 잡았다. 한때 재개발 이야기가 나온 적이 있었지만 지금은 쑥 들어갔다. 골목에서 만난 한 주민은 아무래도 보문산 때문에 고도를 제한한 결과일 거라는 추론을 내놓았다. 이유야 어떻든, 재개발을 통해 이웃 가오동과 비슷한 형태의 아파트 단지가 들어서는 것보다 개성이 톡톡 넘치는 개인주택 단지로 남아 있는 것이 도시 정서적으로는 훨씬 좋겠다. 따사로운 햇살을 맞으며 골목을 한두 시간만 걸어 다니면 금방 이런 생각에 동의할 수 있을 것이다.

2012년 11월 67호

대전 중구 호동

호랑이 등짝에 몸을 기대고

호동

호랑이 등짝에 몸을 기대고

　골짜기는 좀 특별하다. 같은 등허리에서 나온 산줄기와 또 다른 산줄기가 팔을 벌려 포근한 공간을 만든다. 엄마 품에 파고들듯 골짜기에 집을 짓고 농토를 일구었다. 먼 옛날, 처한 조건에서 선택할 수밖에 없었던 '최선'이 몸속 어딘가에 남아 계속 후대로 유전했는지도 모른다. 난생처음 찾아간 곳임에도 친숙하고 익숙하고 푸근함이 있으니 말이다.

　대전 도심에서 이런 골짜기 마을을 만날 수 있는 건 순전히 '보문산' 덕분이다. 보문산이 동남쪽으로 줄기를 뻗어 내린 그 언저리에 '범골'이 있다. 대전광역시 중구 호동이다.

중구 옥계동과 석교동 사이 '호동'을 찾았을 때 그런 골짜기를 만날 거라는 예상은 못 했다. 그저 지금으로부터 10~20년 전에 형성한 여느 주택단지처럼 네모반듯한 정방형 터에 특별할 것 없는 개인주택과 연립주택, 원룸 등 다양한 건축물이 존재하는 동네 정도로 인식했다. 법정동으로는 호동이지만 행정동으로는 석교동인 호동은 그 경계조차 모호하다. 같은 블록으로 보이지만 한 집은 호동이고 한 집은 석교동인 식이다. 그것은 그리 중요하지 않다. 어차피 행정구역이야 행정 편의상 나눈 경계고 실제 삶의 경계는 그 어디에도 보이지 않으니 말이다. 그저 대전천 서쪽 보문산 자락이 호동 사람들 터전이다. 그렇다고 대전천이 호동 사람들과 동떨어진 것도 아니다. 골짜기에서 흘러내리는 작은 범골 도랑에서는 주로 빨래를 했고, 한여름 시원하게 목욕이라도 할라 치면 대전천으로 향했다. 장 보러 갈 때도 역시 대전천 제방이 호동 사람들의 주요 이동 경로였다.

비교적 지대가 높은 마을 언덕배기에 올라 멀리 내다보면 식장산 정상에 설치한 방송 중계탑이 손에 잡힐 듯 보이고 새롭게 아파트 단지를 조성한 가오동과 이제 막 아파트 단지가 들어서는 천동 지역도 코앞이다. 이곳 모두가 주민이 일상적으로 삶을 영위하던 영역일 게다.

걸음마다 건축물 시대상 반영

이번 호동마을 답사는 거의 직선으로 이루어졌다. 범골공원 부근에서 남서쪽으로 향했다. 올라갈수록 골짜기는 좁아진다. 역으로 생각하면 보문산 골짜기에서 시작한 마을이 대전천 쪽으로 흘러나오며 부채꼴로 확 퍼진 형국이다.

시원하게 뚫린 큰길, 대종로에 가까운 곳은 비교적 평평한 터지만 보문산 쪽

으로 들어설수록 주택과 주택, 골목과 골목 사이에 높낮이 차가 크다. 산자락을 둘러 택지를 만들며 크고 작은 골짜기를 평평하게 다져 벌어진 현상이지 싶다. 개인주택이 바로 옆 4~5층 연립주택의 중간 즈음에 걸쳐 있는 식이다. 이런 높낮이 차 덕분에 지루하지 않은 계단이 여럿이다. 계단을 오르면 집 대문부터 마당, 지붕까지 차례로 보인다. 훔쳐보는 듯한 머쓱함 뒤로 재미가 스멀스멀 기어나온다. 사람만 다닐 수 있는 계단도 있고 사람과 차가 함께 오르내리는 계단도 있다. 계단에 올라 바라보는 먼 풍경이 산 정상에 올라 바라보는 풍경과는 다른 감흥을 불러일으킨다.

한 삶에 발을 딛고 또 다른 삶을 지켜보는 기분이다. 그 두 지역에 주거 형태가 많이 달라 느낌은 더 크다.

골짜기로 들어가는 동안 다양한 형태의 주거지를 볼 수 있다. 세련된 색깔의 벽돌집과 조립식 건물이라 부르는 패널 주택, 조금 앞서 지은 붉은 벽돌집과 흙담에 낡은 슬레이트 지붕이 남아 있는 더 오래된 주택까지.

주거지 끝부분 산자락과 닿아 있는 곳에 가면 계단식 밭을 흔히 볼 수 있다. 각목과 널빤지에 의지해 사람 힘으로 차곡차곡 쌓아올린 밭에는 이제 제 빛을 잃은 파며 배추가 듬성듬성 남아 있다. 눈에 뵈는 작은 땅 한 평이라도 일궈 내는 '의지'에 경외감마저 인다.

고성 남씨 참판공파 재실.

호랑이 꼬리엔 공원 들어서

부채꼴처럼 확 퍼진 곳에 공장 몇 곳이 들어와 영업 중이고 그곳에서부터 보문산 방향으로 본격적인 골짜기 주거지역이 펼쳐진다. '호동'이라는 현재 법정명을 만들어 낸 '범골'이라는 이름이 썩 잘 어울리는 마을이다. 오른편으로는 주택, 왼편으로는 농경지가 기본 형태다. 그 사이로는 범골 도랑이 흐른다. 수량이 제법 많다. 골짜기가 얼마나 깊은지 가늠할 수 있다.

대전역에서 차로 불과 10여 분 떨어진 곳인데, 도시 외곽에서나 볼 수 있는 전형적인 농촌마을을 만나니 조금 어리둥절하기까지 하다. 그 길 중간 즈음에 고성 남씨 참판공파 재실이 있다. 잘 지은 재각과 잘 다듬은 조경수가 눈을 즐겁게 한다. 마을 경로당에서 만난 고성 남씨 후손은 "약 300년 전에 고성 남씨가 이곳에 처음 터를 잡았다"라고 전했다.

"옛날에는 이 근방 땅이 전부 고성 남씨 땅이었지. 부사동은 물론이고 충무체육관 근처까지 그랬어. 지금도 제법 남아 있지."

마을을 돌아다니며 '은진 송씨' 이야기 듣는 것에 지칠 때쯤, '고성 남씨' 이야기를 들으니 반갑기까지 하다. 옛날 은진 송씨와 고성 남씨는 어떤 관계를 형성하며 살았을지 살펴봐도 즐겁겠다. 고성 남씨 소유 토지가 꽤나 넓었고, 그만큼 그들의 영향력도 범골 주변으로 만만찮았을 터니 말이다.

　경로당에 모여 있는 어른들에게 마을 이야기를 더 듣고 싶었으나 다른 일, 겨울철 실내놀이에 너무 심하게 몰두해 쉽지 않았다. 범골이라는 마을 이름 유래에 대해서도 '산세와 지형이 범이 누워 있는 형국'이라서 그런 이름이 붙었다는 말 이외에는 들을 수가 없었다. 답사 초입, 범골 어린이 공원과 그 주변 일대가 범의 꼬리란다. 택지개발이 이루어지면서 아쉽게도 꼬리가 뭉개졌다는 이야기도 들려주었다.

　대전향토사료관 기록은 마을과 관련한 다른 전설을 전한다. 이 마을에 살았던 포수에 관한 얘기다. 호랑이 사냥에 능했던 포수는 호랑이 앞다리를 고아 먹어야 병이 낫는다는 아픈 친구 청을 듣고 호랑이 사냥에 나선다. 호랑이를 추적한 끝에 호랑이 굴을 발견하고 그곳에서 호랑이 새끼 한 마리를 집에 데려온다. 새끼를 찾으러 집에 온 어미 호랑이를 때려잡아 친구에게 주어 친구 병이 낫는다. 그러나 그 뒤에 새끼 호랑이들이 포수 집에 찾아와 떠나지 않으니 결국, 이를 우려한 주민 요구로 포수는 마을을 떠난다. 포수는 호랑이 새끼를 잡아 왔던 그 굴에 들어가 호랑이들과 함께 살며 밭을 일궈 농사를 지었다. 이곳을 사람들이 범골이라 불렀다는 이야기다. 보문산, 그 깊은 골짜기에 호랑이가 어슬렁거렸던 시기는 언제였을까? 그건 잘 모르겠으나 근대까지 보문산에 토끼는 많았던 모양이다. 하긴, 지금도 야트막한 동네 뒷산에도 토끼가 많고 지금은 멧돼지도 많은데 그 시절에는 어련했겠는가.

차를 과하게 끌고 올라가려는 사람들을 향한 경고 메시지다.
붉은색 원 가운데, 입을 꾹 다문 듯한 일자 형태의 흰색 표시도 그려 놓았다.

"내가 여기 2대째 살고 있는데, 옛날에는 호롱불 켜고 그렇게 살았어. 저 큰 길까지 드문드문 집이 있기는 해도 대부분 논과 밭이었어. 길도 좁았고. 보문산에 올라 다니며 토끼도 많이 잡았지."

보문산 자락과 경계에 붙어 있는 집에 사는 양일만(70) 씨 얘기다. 집 뒤, 보문산 자락에도 영락없이 계단식 밭을 조성했다.

햇볕, 사람, 산자락

'골짜기를 얼마나 더 올라가야 할까?'라는 생각이 들 때쯤, 표지판 하나가 눈에 들어온다.

'도로 끝, 농기계 외 출입금지'라고 적혀 있다. 맨 꼭대기 집이라 할 수 있는 집 한 채가 있고 그 위로는 농지다. 차를 과하게 끌고 올라가려는 사람들을 향한 경고 메시지다. 붉은색 원 가운데, 입을 꾹 다문 듯한 일자 형태의 흰색 표시도 그려 놓았다. 페인트로 표지판을 만들며 얼마나 정성을 들였을지 짐작할 만하다.

골짜기 마을을 이리저리 돌아다니는 동안 버스를 한 대도 볼 수 없었다. 카메라를 들고 돌아다니는 낯선 이가 눈에 거슬린 주민이 정체를 물어 온다. 정체를 설명하고, 물었다.

"여기는 버스가 안 들어오나요?"

"버스 안 와요. 버스 타려면 저기 큰길까지 나가야 해요. 버스는 고사하고 여기 마을 길 좀 넓혀 달라고 해 주세요. 오가다가 차라도 만나면 불편해 죽겠다니까요."

길이나 버스에 관한 문제는 아주 시골마을 이야기인 줄 알았다.

골짜기에서 되짚어 내려오는 길에 한정 없이 쏟아지는 햇볕이 포근하다. 골짜기 바람 무섭다는 이야기를 들었기에 이처럼 햇볕이 따사로울지는 상상도 못했다. 한겨울 쉼에 들어간 농토와 오랜 세월 산자락에 의지해 자리를 지킨 주택, 천천히 골짜기를 오르내리는 사람들의 모습이 한데 어우러져 범골 풍경을 이루고 있었다.

2012년 2월 58호

대전 중구 부사동

부용과 사득의 애틋한 사랑 담은 곳

부사동 사득길

부용과 사득의 애틋한 사랑 담은 곳

백제 시대 전설이 내려오는 중구 부사동에는 아직도 많은 집이 다닥다닥 붙어 있고 골목이 여전히 살아 있다. 꽤 넓은 부사동은 크게 상부사와 하부사로 나눌 수 있다. 자연마을로 부용리와 소라티, 새말 등을 추가해 볼 수도 있다. 넓은 마을 면적에 자연마을 서너 개가 확인되지만 지금은 자연마을 이름을 부르는 이 거의 없고 자연마을 단위로 구별해야 할 일도 그다지 없다.

자연마을이 그 자체로 생명력을 가지고 움직이기에 어차피 도시는 적당하지 않다. 부사 사거리로 이어지는 4차선 명정로를 기준으로 보문산 쪽과 한밭종합운동장 쪽으로 구별하면 될 정도다. 이번에는 보문산 쪽 사득길을 중심으

백제 시대 전설이 내려오는 중구 부사동에는
아직도 많은 집이 다닥다닥 붙어 있고 골목이 여전히 살아 있다.

로 둘러보았다.

전설에 따르면 백제 시대 이곳의 마을은 둘로 나뉘어 있었다. 윗마을과 아랫마을. 산자락 마을이었음에도 식수가 늘 부족했다. 두 마을 사이에 우물이 하나밖에 없어 두 마을 사이가 그리 좋지 않았다. 윗마을에는 부용芙蓉이라는 처녀가 살았고 아랫마을에는 사득沙得이라는 총각이 살았다. 둘은 우물에 물을 길으러 다니며 눈이 맞았고 서로 사랑을 속삭이다가 결혼을 약속한다. 그러나 야속하게도 신라가 백제를 침략하면서 사득은 백제군으로 전쟁에 참여해 전사한다. 그 사실을 모르던 부용은 보문산 선바위에 올라가 전쟁터에 나간 연인을 하염없이 기다리다 그만 실신하여 떨어져 죽고 만다.

그 후 극심한 가뭄 때문에 두 마을 사람들은 멀리 떨어진 황새샘까지 물을 길으러 다니며 더욱 고통을 겪었다. 이때 이미 죽은 부용과 사득이 두 마을 좌상座上의 꿈에 나타나 칠월칠석 날 영혼 혼례식을 올려 주면 도움을 주겠다고 한다. 그 말대로 두 마을 사람들은 우물을 치고 영혼 혼례식도 올려 준다. 그러자 물이 펑펑 쏟아져 나왔다. 그 뒤로 두 마을 사람들은 물 걱정을 하지 않게 되었다. 덩달아 사이도 좋아졌다. 마을 이름도 이 같은 전설에서 유래해 부용의 '부' 자와 사득의 '사' 자를 더해 만들었다.

이 전설에 등장하는 윗마을과 아랫마을이 정확하게 어디인지 그리고 그 사이에 있었다는 우물은 어디였는지 궁금했지만 아는 사람을 만나지 못했다. 부사동 토박이를 만나기가 쉽지 않아 더했다.

다만, 대전향토사료관 자료에는 남대전고등학교에서 북쪽으로 조금 떨어진 곳이 '상부사리'며 별칭은 부용리라고 설명하고 있다. '하부사리'는 명정로를 사이에 두고 그 건너편이라 했다. 이 하부사리는 한밭종합운동장 후문 앞인데

문화에 관심이 많은 시민이 부용과 사득의 전설이 적힌 비석을 유심히 보고 있다.

'뗏집거리'라고도 불렸단다. 많은 집이 떼로 몰려 있어 그랬다는데, 그 두 마을 사이에 우물이라 하면 명정로 어디 즈음일지 모르겠다. 다른 자료에는 윗마을을 대전향토사료관과 마찬가지로 남대전고등학교 북쪽 즈음이라고 설명하지만 아랫마을은 지금의 청란여고 부근이라 설명하고 있다. 소라티 마을 근처라는 얘기다. 또, 두 마을 중간에 있었던 공동 우물은 '바가지샘'이라 불렀다고 구체적인 명칭까지 제시하고 있다. 대전향토사료관은 북남으로 아랫마을과 윗마을을 배치했고 또 다른 자료에서는 동서로 아랫마을과 윗마을을 둔 셈이다.

둘 모두 의구심이 드는 대목이 있다. 가뭄 때 두 마을 주민들이 멀리 떨어진 황새샘에서 물을 길어 먹었다고 하는데, 그 황새샘의 위치를 한밭종합운동장 부근이라고 마을에서 만난 주민 여럿이 말했다. 그렇다면 대전향토사료관에서 정리해 둔 것처럼 두 마을에서 그리 멀리 떨어졌다고 보기 어렵다. 더군다나 그곳에 샘이 있었다면 아랫마을 사람들이 일상적으로 이용할 만한 거리다. 또, 백과사전에서 말하고 있는 동·서로 두 마을을 둔다면 샘을 중심으로 아랫마을, 윗마을이라 부르기가 좀 그렇다. 전설에 나오는 아랫마을과 윗마을이 어디인지 그리고 두 마을 사이의 우물은 어디에 있었는지는 추정하기 어려웠다.

주민조차 길 잃던 복잡한 골목길

부사동 날망에 오르면 인근 대전의 모습이 한눈에 내려다보인다. 아파트나 상가 단지, 대전역에 올라가고 있는 쌍둥이 빌딩까지 훤하다. 그만큼 지대가 높다는 얘기다.

부사동은 마치 다랑이 논처럼 층을 이루며 평평한 대지를 만들고 그 위에 집을 지은 형국이다. 보문산 자락을 타고 올라가다 보니 그럴 수밖에 없다. 하지만 그 모양새가 계획도시처럼 규칙적이지는 않다. 최근에야 소방도로가 곳곳에 나 그 층위 구분이 좀 더 분명해졌을 뿐 이전에는 마을 안길이 좁은 골목이었다고 한다.

동네 구멍가게에서 소주잔을 기울이던 한 주민은 자신이 결혼해서 들어왔던 40여 년 전까지만 해도 부사동 꼭대기에 오르는 큰길은 한 곳에 불과했다고 한다.

"집을 찾아 들어가려면 골목길을 헤집고 다녀야 했는데 얼마나 복잡했던지 우리 동네인데 나도 길을 잃곤 했어. 리어카도 다닐 수 없을 정도로 좁은 골목이 거미줄처럼 사방으로 뻗어 있었으니까."

부사동은 마치 다랑이 논처럼 층을 이루며 평평한 대지를 만들고
그 위에 집을 지은 형국이다.

대전역을 중심으로 도심이 형성되었을 때 부사동은 나름 도심과 가까웠던 주거 지역이었을 게다. 조금 싼 방을 찾는 신혼부부나, 직장인, 남대전고·청란여고·신일여고 등으로 유학 온 고등학생들이 방을 구하는 주요 계층이었다. 지금은 상황이 달라졌지만 한때 이곳에서 방을 구하려면 하늘의 별 따기였단다. 도시 주택이 현저하게 부족할 때 이야기다.

그렇게 외지에서 들어와 사는 사람이 많은 동네였지만 이웃 간의 정은 돈독했다. 누구네 집에 초상이라도 나면 모두 제 일처럼 달려들어 일을 봐 주었다. 연립주택이 들어서고 집이 아닌 장례식장에서 장례를 치르는 것으로 문화가 바뀌면서 조금씩 퇴색했지만 말이다.

"요즘 젊은 사람들이 아파트 살려고 하지 누가 이런 데 살려고 하나. 빈집도 꽤 많아. 여기가 보문산 때문에 고도제한이 걸려서 아파트를 못 지어 가지고 개발이 안 되었다니까.(지금은 풀린 상태다.)"

노인이 홀로 사는 집과 빈집이 늘어나는 것이 꼭 농촌의 현실만은 아니었다. 하긴, 아파트도 분양이 안 돼 정부에서 대신 매입을 하느니 마느니 하는 판국이니 이제 사람들로부터 점점 잊히는 도시 변두리 지역이야 오죽하겠는가. 그래도 개인주택의 그 정서적 따뜻함을 좋아하는 사람들이 없지는 않은 모양이다. 마을 곳곳에 멋지게 새로 지은 주택도 드문드문 눈에 띈다.

부사동에는 말집이라고 부르는 길쭉하게 지어 방 여러 개를 들인 아주 오래된 주택과 방이 부족했던 시절 효율성을 극대화하기 위해 지었던 연립주택, 최근에 지은 개인주택까지 참 다양한 형태의 주택이 혼재해 있다. 게다가 최근에는 주택재개발조합도 설립된 모양이다.

이런 상황이 오랜 역사를 지니고 있는 부사동의 과거와 현재, 그리고 미래를

부사칠석놀이보존회 김준헌 회장

예측게 한다. 소주 몇 병을 나눠 마신 주민은 서로 소주 값을 내겠다며 실랑이를 벌이다 한마디 툭 던진다.

"옛날부터 신안동·대동·부사동이 3대 빈촌이었어. 지금도 크게 다르지 않고…."

성주 찾아왔던 '전심'이라는 여인

사득길을 중심으로 원을 그리듯 돌아가면 부사샘물이 나온다. 10여 년 전에 민방위용 용수로 개발한 물이다. 물맛이 좋아서 인근 주민이 식수로 애용한다. 시간에 맞춰 급수를 하는데 오후 5시가 가까워지자 물통을 들고 하나둘씩 사람들이 모여든다. 그 아래는 어린이집과 칠석노인회관, 부사칠석놀이보존회 사무실 등이 들어서 있는 복합 건물이 있다.

매년 부사칠석놀이가 재현되는 공간이기도 하다. 그곳에서 마을 이름의 유래가 된 부사칠석놀이에 대해 자세히 들을 수 있었다.

부사샘물은 물맛이 좋은 모양이다.

일제 강점기에 만들어 놓은 방공호

"1990년도에 마을 문화와 관련해 내려오는 무엇인가가 있을 것이라 생각했지. 그때만 해도 아흔이 넘은 토박이 몇 분이 동네에 살고 있었거든. 그래서 뜻이 맞는 몇 명과 고증을 해 보니까 부사칠석놀이가 있는 거야."

부사칠석놀이보존회 김준현(80) 회장의 이야기다. 김 회장에 따르면 고증 결과 일제 강점기까지 매년 칠월칠석에 부사칠석놀이를 진행했는데 '문화말살정책'으로 그 맥이 끊겼다고 한다. 결국 각 집에서 개별적으로 우물을 치고 술을 올리며 부용과 사득을 추모하다가 그마저도 한국 전쟁이 발발하면서 사라졌다. 고증을 통해 부사칠석놀이를 재현해 내고 1994년 전국민속놀이 경연대회에서 최우수상인 대통령상을 수상했다.

고증할 당시에 전해 내려오는 다른 전설은 없었는지 궁금했다. 김 회장으로부터 보문산 절터와 성주에 관련된 이야기를 들을 수 있었다.

"언젠가 보문산 성주로 울산 사람이 와 있었대. 그런데 울산에서 작은 마누라가 면회를 온 거지. 근데 성주가 안 만나 주었다는 거야. 그래서 성 아래 절을 짓고 살았대. 절터라는 그 부근 평평한 바위에 전심田心이라는 글자가 새겨져 있어. 보니까 정말 여자가 쓴 필체야. 그 전심이 그 여자 이름이라는 얘기도 있고…."

전설치고는 꽤 구체적이다. 성주는 울산 사람이고 성주를 찾아온 사람은 그냥 마누라도 아니고 작은 마누라란다. 무슨 이야기를 하고 싶었던 것일까?

골짜기마다 더 많은 전설을 간직하고 있을 것 같은 그곳은 굿당 집합소이기도 했다. 지금도 부사동에서 보문산으로 오르는 길에 평범해 보이지 않는 바위마다 치성을 올린 흔적이 역력한데 과거에는 더했다고 한다. 작은 암자가 대략 스무 개 정도는 있었던 것으로 김 회장은 기억해 냈다.

방공호 두 개와 기념주 한 개

밖으로 나왔다. 산비탈과 도로의 경계 부근에 밭을 일구고 그물망을 둘러친 곳이 있다. 그물망을 넘어 산비탈을 바라보았다. 입구를 콘크리트 벽으로 막아 놓은 옛 방공호가 보인다. 10m 남짓 떨어져 두 개가 나란히 있다. 짧은 출입로를 들어가면 예닐곱 평 정도 되는 공간이 있었다고 한다.

"일제 강점기에 일본놈들이 만들어 놓았던 거야. 1970년대 초에 다 막아 놓았어. 그냥 두니까

사방공사를 기념해 1926년에 세운 기념주.

그곳에서 불륜한 일이 많이 벌어져서…."

요즘말로 하면 우범 지대였던 모양이다. 관리만 제대로 할 수 있으면 입구를 다시 열어 내부의 모습을 볼 수 있도록 하는 것도 좋겠다는 생각이 들었다.

그 방공호에서 좀 더 남쪽으로 치우쳐 보문산으로 오르는 길이 있다. 그 길을 따라 조금만 올라가면 오래전 기념물을 만난다.

석교리와 부사리 일대에서 벌였던 사방공사를 기념해 세운 기념주柱다. 높이만 대략 2m가량이고 한 면의 폭이 25cm 내외다. 4면에는 글씨가 새겨져 있다. 총에 맞은 것처럼 움푹 파인 곳도 있고 세월에 시멘트가 떨어져 나가며 자갈과 철근이 고스란히 드러난 곳도 있지만 제법 상태가 양호하다.

기둥에 새긴 글씨를 보니 '대정 15년'이라는 일본식 연호가 보인다. 1926년이다. 그 당시 이 부근에서 사방공사를 진행한 모양이다.

사방공사 기념주부터 방공호까지 모두 둘러보니 어스름한 기운이 보문산에서 흘러내린다. 골목에서 '저녁 먹으라'며 아이들 부르는 소리가 금방이라도 들려올 듯하다. 골목길을 내달리는 아이들과 부딪힐 것만 같았지만 한없이 고요한 시간만이 흐를 뿐이다.

2009년 1월 21호

대전 중구 문화동

세상의 뒷전으로 밀려난 외로운 마을

문화동 천근이마을

세상의 뒷전으로 밀려난 외로운 마을

그냥 처음엔 조그만 변두리 마을이라 생각했다. 도로명 주소에 '텃골길'이라 쓰여 있었기에 마을 이름도 텃골마을인 줄 알았다. 산성동 쪽에서 보문산 자락을 끼고 한밭도서관과 충대병원 쪽으로 난 길을 따라가다 우회전하면 되는데, 그게 자칫 놓치기 십상이다. 정신을 바짝 차려야 한다. 승용차 한 대 바듯이 들어갈 만한 골목길이 마을의 진입로다. 찾기가 그리 수월치는 않다.

그리로 쑥 들어가면 '이곳에 이런 마을이…'라는 생각이 들 작고 조용한 마을이 있다. 그곳이 보문산 자락에 둥지를 튼 천근이다. 도로명 주소인 '텃골'은 마을의 제일 안쪽에 있는 골짜기 이름이라고 마을에서 만난 주민이 이야기해

주었다.

　근데 이 '천근天根'이라는 마을 이름이 보통 무게가 있는 것이 아니었다. 천근이라는 지명은 꽤 오래전 기록에서 나타난다. 대전향토사료관의 지명 자료에서 확인해 보면 조선 시대(영조) 공주군 유등천면 과례리에 해당했고 『여지도서輿地圖書』에 과례리에는 72가구, 인구 326명이 거주했던 것으로 기록되었다고 한다. 또, 1895년 옥산·과례·모산·노산 등과 함께 천근리가 자연마을로 회덕군 유천면에 속했다. 그러니 꽤 오래전부터 마을이 형성되었고 '천근'이라는 마을 이름도 그만큼 역사를 지니고 있다.

　대전향토사료관의 지명 자료에 따르면 천근은 주역의 복희 팔괘八卦를 두고 읊은 송나라 소강절의 시에서 따온 것이란다. 전라북도 순창군 회문산에 바로 이 천근월굴 암각바위도 있다. 그 깊은 뜻이야 이해가 쉽지 않지만 천근월굴이 포함된 구절은 '天根月窟 閑往來(천근월굴 한왕래)'다. 천근은 남자의 성이고 월굴은 여자의 성이니 음양이 한가로이 왕래해 소우주인 인간의 몸이, 봄이 되어 완벽한 상태라고 한다. 제대로 된 해석인지 모르지만 천근형과 월굴형이 풍수지리에서 명당자리로 꼽힌다니 좋은 터인 모양이다. 월평동의 옛 이름이 바로 천근과 대구를 이루고 있는 월굴이라고 한다. 보문산 자락에 천근이마을과 갑천 인근의 월굴마을은 예로부터 대전에서 살기 좋은 대표적인 마을이 아니었을까 싶다.

고욤나무 · 감나무 · 오동나무 사이좋게

　　　　　　　　　　　　　　　　　　　오동나무 아래 차를 세워 놓고 죽 둘러보니, 보문산 자락에 기댄 마을에 햇볕이 가득 내리쬐고 여러 갈래로 흘러내리는 계곡물은 경쾌한 소리를 내며 우렁찼다. 공기 좋고 햇볕 따뜻한

마을에 들어서면 귀가 간질거린다.
작은 도랑으로 흐르는 물소리와 길가에 핀 꽃들이 인상적이다.
마을로 들어가는 길. 이 길로 들어서면 전혀 다른 풍경이 펼쳐진다.

 그곳이 왜 명당으로 꼽혔는지는 풍수지리에 문외한인 사람이 보아도 대략 짐작할 수 있었다.
 보문산에는 봄이면 나물이 지천이었을 테고 엄동설한에도 보문산을 넘어 하늘 높이 떠오른 태양에서는 하늘의 온기가 고스란히 전해졌을 터다. 가만히 앉아 평온한 마음을 갖기엔 그지없이 좋았다. 저 아래로 내려다보이는 높이 솟은 빌딩은 악다구니 쓰는 복마전일 텐데. 그저 남 이야기처럼 여유롭게 다가왔다.
 마을의 깊은 역사 때문인지 마을에서 자라는 나무는 정말 그 종류가 다양했다. 이는 두 가지 측면에서 볼 수 있을 것 같다. 보문산 자락에 기댄 마을에 다양한 경로를 통해 자연스럽게 나무들이 자란 것이거나 아니면 심어 놓은 나무에 변화를 줄 만큼 공동체로서의 마을이 갖는 역동성이 사라졌기 때문일 것이다.
 마을에는 오동나무와 감나무 그리고 밤나무가 눈에 많이 띄었다. 한눈에 보아도 적지 않은 수령을 자랑했다. 아까시나무와 고욤나무도 오래간만에 볼 수

이 마을에는 '명인국악기'라는 국악기 제작사가 있어, 지붕에 오동나무를 널어 말린다.

있었다. 누군가 밀식해 놓고 관리를 제대로 하지 않은 듯한 당단풍나무도 동산 하나를 번듯하게 이루고 있었다. 한때는 복숭아 과수원으로 보문산 일대가 유명했고 천근이마을도 마찬가지였지만 지금은 두어 개 정도의 복숭아밭이 있을 뿐이다.

비탈진 사면과 집터로 짐작되는 곳엔 작은 규모의 밭이 여러 필지였지만 가을 수확이 어지간히 끝났기 때문인지 아니면 다른 이유 때문인지 을씨년스러운 분위기를 연출했다. 농토가 적은 마을인 만큼 밭을 얼마나 애지중지 여겼을지 짐작할 만한데 지금은 상황이 영 그렇지 않은 모양이다. 방치되거나 망가진 밭도 여럿 보였다.

마을 주민도 만나기가 어려웠다. 어린 시절 뒷동산에서 뛰어놀던 기억까지 가지고 있는 토박이를 만나기는 더 쉽지 않았다. 대부분 다른 지역에서 이사와 살거나 시집온 마을에서 남편을 여의고 여생을 조용히 보내는 혼자 사는 노인

수돗가의 장독대와 배나무 한 그루.

개 한 마리가 할머니 곁을 의젓하게 지키고 있다.

이었다. 길가에 활짝 핀 들꽃의 화사함마저 없었다면 마을은 더 무겁게 가라앉 았을 듯하다.

전통마을로 소중히 간직했으면

동네 서쪽, 맨 윗집에 살다 지금은 부모님 곁을 떠나 살고 있는 한 주민을 만난 것이 그나마 다행스러웠다.

"요 날등에 올라서면 저기 중구·서구·유성구가 모두 보였어요. 지금은 소나무가 빽빽이 들어차서 잘 안 보이지만. 아무리 사람이 적게 살아도 그렇지 기관에서 관심 좀 둬 주었으면 좋겠어요. 과수원 농사를 조금 짓는데 내다 팔려면 아주 곤욕이에요. 길도 그렇고요. 사람 사는 곳에 가장 기본이 길인데 여기는 이 모양이니 힘들죠."

살기 좋은 명당 이름을 가진 마을이지만 지금의 현실은 거리가 먼 모양이다. 주민의 진술을 꼭 듣지 않더라도 마을을 한 바퀴 돌고 나면 금방 피부에 와 닿았다.

그 느낌은 '소외'였다. 세상의 뒷전으로 밀려난 외로운 마을. 대전은 어쩌면 '천근'이라는 마을을 잊었는지도 모르겠다는 생각이 들 정도였다.

마을 안길 중 가장 큰길의 관리 상태가 그 처지를 제대로 설명해 주는 듯했다. 보도블록이 제멋대로 깨지고 꺼지고 정신이 없었다. 몇 대 드나들지 않는 승용차의 무게도 견디지 못했나 보다. 시공부터 이후 관리까지 문제가 있어 보였다. 수도 사정도 좋지 않았다. 주민들은 지하수를 파거나 보문산에서 흐르는 건수를 이용했고 마시는 물은 한밭도서관에서 받아다 먹기도 했다.

차량의 접근이 어렵고 그에 따라 외부인들의 손길을 덜 타면 자연에 기대어 살던 전통마을의 향취와 분위기를 간직할 수 있어 좋기도 하다. 하지만, 그것

그 느낌은 '소외'였다. 세상의 뒷전으로 밀려난 외로운 마을.
대전은 어쩌면 '천근'이라는 마을을 잊었는지도 모르겠다는 생각이 들 정도였다.

도 마을 주민들의 삶에 여유와 활기가 있을 때 얘기다.

　보문산에서 흘러내리는 물은 마을에 두세 줄기의 시냇물을 만들어 놓고 있었지만 시냇물엔 생활쓰레기가 가득했다. 조금만 관리하고 신경 쓰면 정말 아름다운 모습일 터인데 그렇지 못했다. 보문산으로 오르는 수많은 등산로 중 하나인 마을 안길을 따라 오르는 외부인들의 소행인지 아니면 마을에서 나온 쓰레기인지 모르겠지만 눈을 어지럽혔다.

　보문산의 아름다움과 생태를 훼손하지 않기 위해 법적으로 개발을 제한했고 일부 건축물은 등기도 제대로 나지 않아 법적 권리를 주장하기도 쉽지 않겠지만, 그렇다고 무관심하게 내버려 두는 것이 문제 해결로 이어지지는 않을 텐데 말이다.

　대전 전 지역에 재개발이나 재건축이 이루어진다는 얘기가 나올 정도로 '명품 대전'을 만들겠다고 난리지만 정작 지척에 오래전부터 우리 주민이 터를 닦고 살아온 곳은 기본적인 신경도 쓰지 않는 현실이 아쉽다. 그렇다고 그곳을 모두 파헤쳐 네모반듯한 아파트를 지어야 한다는 이야기는 아니다. 보문산의 아름다움과 자연 그대로의 모습이 훼손되지 않도록 하면서 주민이 기본적인 삶을 영위하고 전통마을이 깨끗하고 아름답게 보존될 수 있도록 대책을 세워야 하지 않겠는가. 그 출발은 '관심'일 게다.

　전통마을로 잘 복원한다면 분명 군데군데 공허의 둠벙을 만들어 놓은 채 팽창만 하고 있는 대전에 소중한 자원일 수도 있는 마을이 바로 '천근이'이다.

2007년 11월 7호

2부

산자락에 기댄 마을

대전 중구 안영동

독고댕이에서 다듬잇돌
예쁘게 만들었는데…

안영동 검은바우마을

독고댕이에서 다듬잇돌
예쁘게 만들었는데…

중요한 것은 '검은바위'를 찾아내는 일이었다.

마을 이름의 유래가 된 그 바위를 찾는 것이 이번 마을 답사의 시작이며 끝이었다. 대전광역시 중구 안영동, 뿌리공원으로 들어갈 수 있는 사거리에서 그대로 직진했다. 안영IC로 빠지지 않고 금산군 방향으로 계속. 그러다 오른쪽 샛길로 접어들었다. 너무 빨리 달리면 놓치기 쉬운 샛길이다. 대전광역시와 금산군 경계인 샛고개 인근에 뚫어 놓은 터널 바로 앞이다. 샛길로 내려가 도로 밑 터널을 통해 검은바우마을로 들어선다. 마을은 긴 골짜기를 따라 길쭉하게 놓여 있다. 우거진 숲속에 집이 띄엄띄엄 박혀 있다. 생각보다 마을 규모가 제

옛날 검은바우와 통내바우는 이 동네 사람들에게는 중요한 공간이었다.
잠을 잘 수 있도록 등을 내주기도 했다. 그곳에서 마을 대소사에 관한 논의도 있었을 터고
객지에 나간 자식 자랑과 걱정을 나누기도 했을 게다.

법 크다. 천천히 차를 몰아 마을 중간쯤 접어들었을 때 둥구나무가 보였다. 쉽게 볼 수 없는 독특한 모양새다. 이 마을 둥구나무는 사람들이 다니는 안길보다 최소한 1.5m 이상은 더 높은 곳에서 자라고 있었다. 그 위에서 할머니 둘이 앉아 낯선 이방인을 내려다보았다. 눈길이 매섭지 않고 포근하다.

마을 사랑방 '검바우'

콘크리트로 어설프게 만들어 놓은 계단을 몇 개 올라 할머니 앞에 섰다.

"할머니, 검은바우가 어디 있는지 아세요?"

"아, 여기가 검은바우여."

"네, 이 마을 이름이 검은바우라는 건 잘 알고 있어요. 마을 이름이 유래된 검은 빛깔의 바위가 어디에 있나요?"

"아, 여기가 검은바우라니께. 둘러봐 바위 빛깔이 검잖어."

말귀를 못 알아듣고 자꾸 물어보니 할머니 목소리도 덩달아 커진다. 그러나 오석처럼 검은 바위를 상상했던 눈에는 그 정도 바위 빛깔로는 성에 차지 않았다. 그늘진 덕에 조금 어두웠을 뿐 특별히 검다고 말하기는 좀…. 그래도 찬찬히 살펴보니 바위의 생김이 범상치 않았다. 바위 표면을 살짝 덮고 있을 한 뼘 흙에는 많은 녹색 식물이 자라고 있다. 덕분에 바위 전체 꼴이 한눈에 확 들어오지는 않지만 꽤 컸다.

일부러 가져다 놓은 것처럼 평평하고 널찍한 바위 옆으로 좀 작은 바위가 도열하듯 늘어서 있었다. 쪼개진 바위 한쪽은 거북이 머리와 닮았다. 거북바위라 해도 상관없어 보였다. 이런 생각을 할머니들에게 말했지만 동의하지 않고 그냥 웃는다. 그 바위 생김도 신기했지만 그 차가운 바위 위에 느티나무를 비롯

검바우 위에는 작은 바위가 도열하듯 서 있다.

해 나무 몇 그루가 자라는 것은 더 신기했다.

"저 느티나무는 내가 시집올 때부터 자라고 있었던 거여. 한 100년은 된 거지."

100년 된 것치고는 그리 크지 않았다. 바위 위에 터를 잡고 자라기가 어디 그리 녹록했겠는가? 그리 살아 있는 것만으로도 장하다.

"옛날에 여름이면 사람들이 다 여기 와서 놀았어. 사랑방이었지. 집에는 벼룩하고 모기가 많아서 잠을 잘 수가 없었거든. 마당에 나와도 벼룩이 따라 나오는 판국이었지, 그런데 이상하게 여긴 없었어."

검바우와 연결돼 북서쪽으로 더 판판하고 큰 바위가 있었다. 역시 풀숲이 우거져 쉽게 확인할 수 없지만 형태는 짐작이 간다. 그 바위는 '통내바우'라 불렸다. 여름 한낮 태양빛에 달궈진 바위는 밤이 되면 적당하게 식었다. 주민들은 홑이불 한 장 들고 나와 가마니 깔고 그 바위에서 잠을 잤다. 집에는 그렇게 벼

룩과 모기가 들끓어도 그곳에는 하나도 없었단다.

"등이 따땃한 것이 월매나 좋았는디. 지금이야 여기 나와서 놀 만한 사람도 별로 없지만."

옛날 검은바우와 통내바우는 이 동네 사람들에게는 중요한 공간이었다. 들에 나가 일하다 잠깐 모여 쉴 수 있었고, 여름이면 열대야와 빈대를 피해 편안한 잠을 잘 수 있도록 등을 내주기도 했다. 그곳에서 마을 대소사에 관한 논의도 했을 터고 객지에 나간 자식 자랑과 걱정을 나누기도 했을 게다. 검은바우는 주민들에게 중요한 문화공간이었다.

독고댕이 여전히 흔적 남아

길게 골짜기를 따라 형성된 마을에는 그만큼 농토가 많지 않았다. 검바우에서 만난 할머니도 마을이 "한근하다"라고 말했다. 논이 많아야 부자로 잘살 수 있는데 그렇지 못했다는 얘기다. 대신, 마을 사람들의 중요한 일터는 '독고댕이'였다. 석회 광산이 있던 곳이다. 그래서 독고댕이라는 지명으로 불렀다. '돌(독) 구덩이'라는 의미로 그리 불렀을 게다.

"독고댕이에서 석회를 구웠어. 캐낸 돌로 다듬잇돌도 만들고 구수도 만들고 도구통도 만들고. 돌이 킁께 이것저것 만들 수 있었지. 우리 남편이 다듬잇돌을 월매나 이쁘게 만들었는지, 안영 사람들이 선금 갖다 맡겨놓고 가져갔다니께."

남자들이 도구통이나 다듬잇돌을 만들면 여자들은 그 무거운 걸 머리에 이고 시내까지 팔러 갔다고 한다. 검은바우마을 남자들 솜씨가 좋아 꽤 잘 팔렸던 인기 상품이었던 모양이다. 그때는 마을에 농토가 적어도 독고댕이 때문에 그럭저럭 먹고살 만했다. 동네 사람뿐만 아니라 전라도나 경상도에서 일꾼들이 몰려들어 집집마다 노는 사랑방이 없을 정도였다. 몇 집은 장사도 했다.

"그때는 마을이 시끌벅적했었지. 술도 잘 먹고 싸움도 잘하고."

술 잘 먹고 싸움 잘하는 것이 그리 흥거운 일은 아닐 터인데, 지방도를 오가는 자동차 소음 말고는 조용하기만 한 지금 마을의 모습보다 그때가 더 좋았나 보다. 할머니의 입가엔 슬쩍 미소가 번진다. 그 순간, 할머니는 술에 취해 드잡이하던 동네 젊은이들의 팔뚝에서 튀어 오르던 굵은 힘줄을 떠올렸는지도 모른다.

아직도 그 흔적이 남아 있다는 독고댕이가 보고 싶었다. 검은바우마을은 검바우가 있는 부근이 중간말, 북쪽이 음지뜸, 남쪽이 양지뜸이었다. 40호도 채 안 되지만 그렇게 나뉬다. 독고댕이는 양지뜸에 있었다. 양지뜸에 바짝 다가서니 눈앞에 독고댕이가 보였다. 숲이 우거진 사이로 한 부분이 허옇게 속살을 드러내고 있었다. 금산군과 경계를 이루는 샛고개 옆이다.

독고댕이 아래 밭에서 일하고 있던 한(68) 씨 할아버지도 젊은 시절 독고댕이에서 일했다.

"돌도 떼고 가마 일도 하고 여러 일을 다 했었지. 일본놈들이 시작해서 한 1960년대까지 40년 정도 운영했을 거여. 그때 벌이가 괜찮았지. 석회 굽는 가마가 한 다섯 개 있었으니까."

한 씨 할아버지에 따르면 마을 옆을 지나는 옛길은 과거에도 널찍했다. 석회 가마에 불을 지피기 위한 탄을 실어 나르기 위해 일찌감치 길을 닦았다고 한다.

석회 광산이 있던 독고댕이.

음지뜸 마을의 전환례 씨

동네 바우가 다 검지

　　　　　　　　　음지뜸 마을에는 제법 근사한 집들이 몇 채 들어섰다. 원주민도 있고 외지에서 새로 이사 온 사람들도 있단다. 그곳 밭에는 흙을 고르는 주민의 손길이 분주했다.

"딴 집 것은 벌써 저만큼 컸는데 난 이제 심네. 언제 키운댜. 다 늦어 깨나 한 번 심어 볼라구."

전환례(68) 씨는 공기 좋고 인심 좋은 마을이지만 이제 젊은이들이 많이 떠나 조용한 마을이 되었다고 한숨이다. 그곳에서 골짜기를 따라 다랑이 논이 이어지고 있었다. 넓지 않은 농토였는데 그나마 묵은 논도 꽤 많아 보였다. 마음대로 자란 갈대가 바람에 흔들리는 모습이 근사하다.

"이 동네 바우가 다 검다고 해요. 그래서 검바우라지 아마."

정 씨 할머니는 검은바우가 특정한 무엇을 가리키는 것이 아니라 동네 전체 바우가 다른 곳보다 검은빛을 띠어 그렇게 얘기한다는 새로운 주장을 펼쳤다. 아무렴 어떠랴. 인심 좋고 경치 좋으면 그만이지. 기다란 마을을 오르락내리락하는 재미가 제법 쏠쏠했다.

2009년 7월 27호

대전 중구 금동

대전에서 만난 '강원도의 힘'

금동

대전에서 만난 '강원도의 힘'

　대전은 '둘레산길 잇기'가 가능할 정도로 산이 빙 둘러싼 분지 형태다. 산은 그리 높거나 험하지 않아 평온하다. 강원도에서 군생활을 경험한 이라면 분지와 산악지대의 확연한 차이를 느낄 수 있다. 그렇게 인식하고 있던 대전에서 강원도의 느낌을 물씬 풍기는 마을을 발견했으니, 바로 금동마을이다. 대전 동구 산내면에서 대전 중구 금동까지 이어지는 곳에 있는 마을 대부분이 그렇긴 하다.
　산 고개를 넘어 이어지는 이차선 도로를 지나면서 도로 양쪽으로 늘어선 마을을 보았다. 그 생경한 느낌이 여행이라도 떠난 듯 흥미롭다. 그 느낌의 종착역 비슷하게 당도한 곳이 대전 중구 금동이다. 동구 장척마을과 구 경계를 이

골목마다 쌓여 있는 장작은 오래 묵어 잘 익은 된장처럼 곰삭았다.

초가지붕은 없어도 옛날 초가를 짊어졌을 토담은 곳곳에 남아 있다.
지금도 사용하는지 한없이 궁금한 농기구가 토담에 걸려 있다.
이런 풍경을 대할 때면 늘 외할머니가 보고 싶다.

룬다. 마을 주변으로는 중구 목달동, 정생동, 어남동 등이 있다.

마을은 한없이 고요했다. 뜨거운 여름 햇살은 묵직하게 굳어 버린 아스팔트마저 다시 녹일 기세다. 으레 낯선 이의 방문에 시끄럽게 짖어 댈 동네 강아지들도 강렬한 태양에 지쳐 버렸는지 조용하기만 하다. 옹색한 2차선 도로를 쉼 없이 오가는 트럭 소음만이 여전히 시간이 흐르고 있음을 일깨워 준다. 그것이 아니라면 멈춰 버린 시간 속에 혼자 떠도는 듯한 착각을 할 만하다.

금동마을은 웃말과 양지뜸, 음지뜸 세 개 마을로 나뉜다. 찾아보자, 마음먹으면 못 찾을 일도 아니지만 각 자연마을의 경계는 모호하다.

한때 100여 호가 모여 살던 곳이 지금은 사람 보기 어려울 정도다. 초가지붕은 없어도 옛날 초가를 짊어졌을 토담은 곳곳에 남아 있다. 지금도 사용하는지 한없이 궁금한 농기구가 토담에 걸려 있다. 이런 풍경을 대할 때면 늘 외할머니가 보고 싶다.

한눈에 보아도 마을만큼이나 나이를 먹었다. 골목마다 쌓여 있는 장작은 오래 묵어 잘 익은 된장처럼 곰삭았다. 아스팔트 도로 가에 볼품없이 만들어 놓은 콘크리트 경계석과는 비할 게 아니다. 가로막고 거부한다는 느낌보다는 내달리는 시선에 '쉼'을 준다.

최근에 지은 것으로 보이는 은진 송씨 사당은 아직 마을 안에 녹아들지 못했다. 사람 구경하기 어려운 금동에서 제일 처음 만난 이는 논산댁(김종숙, 76)이다.

"삼륜차 타고 왔지. 시집올 때 아버지가 그랬어. '못 살고 다시 논산으로 오면 다리 몽당이를 부러뜨려 놓겠다'고. 시댁은 다섯 칸짜리 사랑채가 있는 아주 큰 집이었지."

 당시만 해도 동네 가운데 지금의 2차선 도로는 작은 소로였다. 졸졸 흐르는 시냇물 옆으로 소 한 마리 끌고 다닐 수 있는 자그마한 길뿐이었다. 그 냇물 자갈밭으로 삼륜차가 들어왔다. 삼륜차에서 내려 남편이 기다리는 집으로 갔다.

 "정말 하늘만 빠끔해서 밤에는 무서워 화장실도 못 갔어요."

 지금 모습을 보며 상상하기는 어렵지만 한때 금동마을에는 100여 호가 모여 살았다. 주변을 둘러보아도 그 많은 사람이 의지할 만큼 너른 들은 없다.

 "지금은 너무 멀고 농사지을 사람도 없어서 묵은 논밭이 많지만 저 산속으로 들어가면 골짜기마다 군데군데 논밭이 있었어요."

닥밭골, 범랑골, 서낭골, 큰터골 등 골짜기 이름과 함께 그 골짜기에 있었던 다랑이 논밭도 서서히 잊히고 있었다. '닥밭'은 종이를 만드는 닥나무가 많아서 붙은 이름이고 '범랑골'에는 호랑이가 많이 출몰했던 모양이다.

논산댁 김종숙 씨가 큰 평야가 펼쳐진 고향 논산에서는 볼 수 없었던 농기구가 있었으니 '긁쟁이'다. 쟁기보다는 한참 작다. 골짜기에 규모가 작은 논밭이니 소를 끌고 들어가 긁쟁이로 작업을 할 수밖에 없었을 터

김종숙 씨와 임헌신 씨.

다. 할머니는 수돗가에 놓아 둔 오래된 긁쟁이를 들어 보였다.

"처음 와서 산나물을 캐 가지고 장을 보러 가는데, 가다가 울었다니까. 새재 고개, 완전이 고개, 지푸재 고개를 넘어서 인동까지 장을 보러 다녔지. 남자들은 지게에 장작을 지고. 얼마나 다리가 아프고 힘들던지."

웃말 중 범랑골 방향으로 산자락이 끝나는 지점에는 시원한 '옹달샘'이 있었다. 마르지 않는 샘물은 식수로도 사용하고 조용한 여름밤이면 여자들의 목욕 장소로도 썼다. 지금은 밭을 넓히면서 메워 버려 그 흔적을 찾을 수 없다. 물이 정말 시원해 땀띠가 나도 그 옹달샘 물로 세 번만 씻어내면 모두 사라질 정도였단다.

"지금 어디 사람들이 남아 있어? 먹고 살 길이 막막하니까 다 나가서 살지.

그래도 옛날에는 정 많고 참 살기 좋은 동네였는데. 지금은 70살이어도 젊은 축에 속하지."

신탄댁 임헌신(75) 씨가 곁에서 한마디 거든다. 임 씨도 현재 집을 비워 둔 채 다른 곳에서 살고 있다. 그래도 매일 버스를 타고 금동으로 마실 온다.

금동도 바다였나

아스팔트 길 아래로는 물이 흐른다. 복개를 해 2차선 도로를 만들었지만 가만히 상상해 보면 과거 시냇물과 오솔길이 눈에 잡힌다. 도로를 따라 양지뜸으로 내려서니 도로 옆에 은행나무 한 그루가 서 있고, 그늘 아래 나무 평상이 놓여 있다. 그곳에 열여섯 살 먹어 시집온 새울댁(82)과 천동댁(84)이 부채질을 하며 앉아 있다.

"난 가마 타고 시집왔어. 가마꾼도 두 패로 나눠서. 시댁에서도 마중꾼을 내보냈고. 그때는 골짜기로 농사지으러 다니려면 새벽밥을 먹고 나서야 했지."

그래도 그리 멀게 느끼지 않았다. 모두 그렇게 살았으니, 별 일은 아니었다. 고개를 세 개나 넘어야 할 만큼 멀었던 장을 보러 가도 어둡기 전에는 마을에 도착할 수 있었다. 인식은 상황에 따라 변하는 것이 맞는 모양이다. 남자들이 없는 것 같아 물으니, 없단다.

"할머니들이 더 오래 사는 모양이여. 100살 먹은 할머니도 있어. 아직도 걸

먼 옛날 올라앉아 낚시질을 했다는 바위

은행나무 아래 망중한을 즐기는 동네 할머니들.

레질하고 방 청소를 한다니 정정하지. 몇 없는 남자들이야 지금 일 나가고 없겠지. 오래 살아 봐야 좋은 꼴 못 본다던대. 나도 어렸을 때는 몰랐는데 나이를 먹으니까 그게 무슨 말인지 알겠더라고."

그곳에 범상치 않은 바위가 솟아 있다. 주택과 밭, 내려앉는 산자락 경계 지점이다. 그리 크지는 않지만 길쭉하게 솟은 모양새가 신기하다.

"옛날 어른들 말씀이 저 바위 위에 앉아서 낚시질을 했다는 거여. 옛날에는 여기가 다 물이었댜. 산으로는 매 사냥 다녔던 시절 얘기라는대."

바다하고는 한참 멀리 떨어진 마을에서도 배나 고기잡이 등에 대한 옛날이야기를 종종 듣는다. 금동도 예외는 아니다. 내륙지방에 살던 사람들의 바다를 향한 로망인지 아니면 정말 태곳적 증언이 시간을 뛰어넘어 흘러내려오는

것인지는 모르겠다. 새울댁 할머니는 바위 주변 땅이 '해큼'이라고 부연설명한다. 해큼은 모래보다 더 자잘하고 고운 흙이란다. 그것이 옛날 이곳에 물이 차 있었을 거라는 주장을 뒷받침해 준다는 의미였다.

은행나무 평상에서 길을 건너면 바로 감나무가 있다. 감나무가 아래는 우물자리다. 양지뜸 사람들이 모두 그 물을 길어 생활했다.

"아침 일찍 우물에 물 길으러 가면 감나무에서 홍시가 떨어져 있을 때도 있었어. 그건 그냥 먼저 보는 사람이 임자였지."

물동이 이고 물 길으러 간 처자에게 우물에 떨어진 감 한 개는 선물이었다. 2차선 도로를 따라 정생동 방면으로 더 내려가면 물가에 동구나무가 있다. 지금도 마을에서 제를 올리며 모시는 귀한 나무다. 그곳을 주민들은 물레방아 거리라 불렀다.

돌아 나오는 길, 마을은 여전히 고요하다. 고개를 넘어 인동시장으로 향했을 옛 사람들의 긴 행렬이 눈앞에 그려진다.

2010년 7월 39호

대전 중구 무수동

300년 전통마을, 세상을 향해 손 내밀다

무수동

300년 전통마을, 세상을 향해 손 내밀다

대전여지도를 진행하면서 만나는 마을은 참 다양하다. 아주 오랜 역사를 지닌 전통마을이 있는가 하면 근대마을과 최근에 새롭게 조성한 현대마을도 있다. 취재하기도 편하고 재미있는 곳은 역시 오랜 역사를 가진 전통마을이다. 다만, 마을에 대해 상세하게 증언해 줄 수 있는 사람이 거의 남아 있지 않다는 점은 세 마을 모두 공통적이다. 그나마 비교적 증언이 정확하고 다양한 자료와 선행 작업이 충실하게 이루어진 곳은 '집성촌'이다. 집성촌은 대부분 조선 권력층이고 이들은 내·외적 사료가 충분하다.

새해에 첫 답사를 진행한 곳은 대전 중구 무수동이다. 안동 권씨 집성촌으로

널리 알려진 마을이다. 대전의 마을을 다니며 은진 송씨와 회덕 황씨 그리고 안동 권씨를 많이 접한다. 이들 가문과 개인에 대한 우리나라의 역사적 위치뿐 아니라 지역과 관련한 이야기와 사실을 모아야 할 필요성을 느꼈다. 회덕 황씨와 미륵원처럼 말이다. 전문가 집단의 길고 고된 작업이 필요할 터다.

눈이 제법 많은 겨울이다. 올겨울, 거의 매일 내린 눈이 낯설고 신기할 정도다. 도로에 쌓인 눈이 이리저리 쳐, 눈 떡이 된 채로 얼어 버린 날, 대전광역시 중구 무수동을 찾았다. 독특한 이름으로 치면 손가락 안에 꼽을 만하다. 왠지 세속에서 벗어나 신선들이 모여 사는 곳 근처에 있는 마을 같다. 대전동물원 뒤쪽으로 난 도로를 따라 침산동까지 가서 도로 왼편에 있는 모롱이를 돌아 들어가면 무수동이 눈앞에 나타난다. 숨은 듯 놓여 있는 마을 형세 때문에 그런 생각이 더 드는지 모르겠다.

쟁기로 갈아 놓은 논 흙더미에 살포시 내려앉은 눈이 한 폭의 한국화다. 가슴 깊숙이 있던 어린 시절 기억을 끄집어내는 아름다운 풍광이다.

기록에 무수동은 본래 수철리水鐵里다. 물과 철이 많이 나서 붙은 마을 이름이었다. 그래서 무쇳골이라 부르기도 한다. 역시 철과 관련 있는 이름이다. 그러던 것이 무수동無愁同으로 바뀐 것은 조선조 숙종 때 대사간을 지낸 권기가 이 마을에 내려와 자신을 무수옹無愁翁이라 부르면서다. 근심이 없다는 뜻이다. 최근에 이름이 한 번 더 바뀌었다. '무수천하마을'이다. 무수동이라는 마을 이름을 들으며 많은 이가 물이 없는 무수無水마을로 생각해 아예 '무수천하마을'이라 이름을 붙였단다. 2006년 이 마을을 전통테마마을로 지정하면서다. '태평천하'라는 말이 떠오르게 하는 이름이다. 근심 없는 무수無愁와 잘 어울린다. 마을이 처한 환경에 따라 이처럼 마을 이름도 함께 변해 가는 모양이다.

아무리 가물어도 물이 마르는 걸 본 적이 없는 이 샘의 이름은 그냥 '샘'이다.

담벼락 밑 좋은 샘

노징개 뜰을 남쪽으로 두고 산세를 거스르지 않으며 늘어선 마을이 제법 넓다. 들어설 수 있는 터에 비해 주택이 적어서 그런지 집이 옹기종기 모여 있지 않고 뚝뚝 떨어져 있다. 현재 마을에는 30여 호 남짓 모여 산다. 모롱이를 돌아 만나는 마을이 아랫말, 혹은 아래뜸이다. 길을 따라 집이 길게 늘어섰다. 옛날에는 집이 좀 더 많았단다. 그 중간 즈음에 문을 연 지 30년이 된 가게가 주인만 바뀌었을 뿐 지금도 그 자리를 지키고 있다.

아랫말 사이에 동쪽으로 난 골목을 따라 들어가면 집이 몇 채 더 보인다. 골목을 빠져나가면 첫 번째 집 담벼락 밑으로 조그만 '샘'이 있다. 아주 오래전부터 그곳에 있던 샘이라고 집주인이 설명한다. 한때는 아래뜸 사람들 대부분이 그 물을 마셨지만, 상수도가 들어오고 난 뒤로는 집주인만 그 물을 사용한다.

"손을 넣어 봐요. 따뜻하죠? 겨울에는 김이 모락모락 올라올 정도로 따뜻하고 여름에는 손이 시릴 정도로 차가워요. 물도 아주 좋죠. 아무리 가물어도 물이 마르는 걸 본 적이 없어요. 이름은 없어요. 그냥 샘이지."

그 샘 옆으로는 계곡물이 내를 이루고 그 내를 만들어 낸 골짜기가 보문골, 더 들어가면 배나무골이다. 배나무골에는 지금 마을이 없지만, 옛날 전주 이씨가 모여 살았던 집성촌이었다고 한다. 어릴 적, 그곳에 살았던 이재봉(59) 씨를 마을 가게 앞에서 만났다.

"보문산 시루봉 아래쪽에 있던 마을이지요. 배나무골 근처에 보문사가 있었다는데, 지금은 없어요. 어찌나 큰 절이었는지 쌀을 씻으면 쌀뜨물이 이 아래 침산천까지 흘러내려 갔다는 이야기가 있었어요."

보문사지는 실제로 그 터와 건축물 흔적 등이 현존하는 대전시 문화재자료 4호다. 자료를 보면 고려말부터 조선후기까지 있었던 사찰로 면적이 4,100㎡로 제법 큰 규모다. 쌀뜨물 이야기가 과장 섞인 전설이 아닌 사실을 바탕에 둔 전승일 수도 있겠다.

여유로운 유회당 종가

마을 가게 앞을 지나면 북쪽을 막아 주는 야트막한 동산에 묘지가 눈에 들어오고 그 아래쪽으로 밀양 손씨 숭모재가 보인다. 묘지도 밀양 손씨 문중묘다. 본래 있던 것은 아니고 최근에 들어선 것이란다. 조금 더 들어가면 유형문화재 제29호인 안동 권씨 유회당(有懷堂) 종가가 눈에 들어온다. 건물 사이가 넓어 전체적으로 공간에 여유가 있다. 추운 겨울인지라 쓸쓸함이 더하다. 설명판을 보니 영조 때 호조판서를 지낸 유회당 권이진이 처음 터를 잡았던 종가다. 본래 종가는 화재로 없어지고 1788년 현재 자리

유형문화재 제29호인 안동 권씨 유회당 종가.

유형문화재 제6호 유회당.

로 후손들이 옮겨 지었다고 한다. ㄱ자 형태의 안채와 사당, 모정으로 구성했다.

마을에서 만난 전통테마마을 권용갑(63) 위원장은 본래 종가가 현 위치보다 조금 서쪽에 있었다고 말해 주었다. 지금은 조경수를 심어 놓은 곳 즈음이다. 고속도로가 새로 생기면서 소음과 함께 시야를 콱 막아 안타깝다. 그것이 없었다면 아늑한 공간에 눈앞으로 보이는 전경이 아주 좋았겠다. 마을 전체가 양지발라 한겨울에도 태양이 비추는 시간이 꽤 길다. 우람하게 자랐지만 노쇠한 기운 역력한 은행나무는 보호수다. 수령 300년 정도로 추정한다. 그곳에 있는 정자는 조선 영조(1710년) 때 지은 광영정 光影亭, 뒤에 있는 조그만 연못은 배회담 徘徊潭이다.

유회당 종가에서 동쪽으로, 동네 안길을 건너 있는 밭에 나무가 수북하게 쌓여 있다. 정월 대보름을 즈음해 불을 놓을 달집이다. 조용한 마을에 한바탕 기분 좋은 소동이 일 터다.

산과 조화 이룬 유회당

유회당 종가 앞을 향해 흐르는 개울물을 따라 마을 안길이 나 있다. 마을 안길과 마을이 의지한 보문산 자락이 물길을 만든 셈이다. 그 길을 따라가면 제법 깊숙한 곳에 집이 모여 있는 자연마을이 나타난다. 구석말이다. 이름 그대로 전체 마을에서 구석에 있어 '구석말'이다. 이 마을 권용갑(63) 위원장을 그곳에서 만났다. 아내의 손을 다정하게 잡고 눈이 하얗게 쌓인 마을 안길을 산책하고 있었다. 물론, 이때만 해도 위원장이라는 사실은 몰랐다.

마을은 고요한데 곳곳에 비닐하우스가 많다. 동네 여기저기에서 집단으로 자라고 있는 감나무만큼이나 많다. 나중에 들은 사실이지만 이 동네 특산물 중 하나가 부추다. 일명 정구지다. 꽤 높은 소득을 올리는 모양이다. 구석말부터 유회당에 이르기까지 차례로 보이는 산은 봉래산, 운남산, 방장산이다. 모두 보문산 자락이란다.

비닐하우스를 지나니 유형문화재 제6호인 유회당이다. 마을 초입부터 보였던 건물이다. 산자락에 층계를 이루며 들어서 초입에서도 전체 규모를 대략 짐작할 수 있다. 첫 느낌이 위압적이지 않아서 좋았다. 산에 묻힌 듯 조화롭게 들어앉았다.

유회당은 유회당 권이진이 건물 뒤에 있는 부모 묘에 제사를 지내면서 독서와 교육을 하기 위해 1714년(숙종 40년)에 지은 것이다. 여기서 유회 有懷는 '부모를 사모한다'라는 뜻이다. 유회당 부속 건물인 삼근정사는 묘, 시냇물, 철쭉 숲이 가깝다 하여 지은 이름이고 기궁재는 유회당, 삼근정사 등을 관리하기 위한 재실 건물이다. 장판각은 권이진 문집 판목을 보관하는 곳이다. 유회당 뒤

로 올라가면 권이진이 그의 부친 권유의 묘를 지키기 위해 지은 여경암과 부속 건물 거업재가 있다.

유회당 앞에는 널찍한 주차장과 화장실이 있다. 화장실 자체로는 당장 경연대회에 출품해도 손색이 없을 정도로 훌륭했다. 그러나 보기에 따라서는 유회당과 너무 가깝게 붙어 있어 전체적인 경관을 해치는 것 같아 아쉬움도 남았다.

세상을 향해 손 내밀다
"우리 마을을 형성한 것은 대략 300년 정도로 보면 돼. 지금은 이렇게 가옥이 별로 없어도 조선 시대에는 120가구 정도 되었다고 해."

권용갑 위원장은 향토사료관 전시실에서 본 가마가 바로 이곳 무수동에서 기증한 유물이라고 설명했다. 당시로서는 최고급 승용차에 해당하는 가마란다. 또 2006년 전통테마마을 지정 후 시행한 다양한 사업에 대해서도 설명했다. 수영장 만들기, 체험장 만들기, 주차장과 화장실 건립까지. 또 노진개 뜰에는 자운영을 흐드러지게 심고 곳곳에 백목련과 이팝나무까지 활짝 피면 큰 도로의 벚나무와 함께 장관을 이룬단다. 들에 심는 녹비식물 자운영은 우렁이와 함께 무수동에서 생산하는 쌀을 건강하게 만드는 핵심 요소기도 하다. 300년 넘게 고요한 양반 마을로 보문산 자락에 의지했던 무수동이 세상을 향해 제 품을 활짝 내주고 있는 셈이다.

꽃이 필 때, 볕 잘 들고 꽃향기 진동하는 무수동을 다시 찾아야겠다.

2011년 1월 45호

대전 중구 정생2동

산과 내, 그리고 나무

정생2동 사기점골마을과 답적골마을

산과 내, 그리고 나무

 다른 곳보다 대전은 장맛비가 그리 호되지 않았다.
 그럼에도 뭉싯뭉싯 구름이 예쁘니 고맙다. 예쁜 구름은 호된 장맛비 뒤에 찾아온다. 높은 빌딩 사이로 보이는 구름은 회색 도시에 따뜻한 '생기'를 불어넣는다. 도시 밖 짙푸른 초록빛 산 위로 피어오르는 구름을 경이롭다. 대전광역시 중구 정생2동에서 만난 구름도 그랬다.
 정생2동은 작은 분지다. 산이 마을 사방을 감싸고 내가 마을 곁을 흐른다. 그 내와 산에 의지해 마을이 들어섰다.
 분지가 주는 따뜻함과 평온함이 마을 전체에 흐른다. 이웃 금동마을 쪽에서

아래사정골 맑은 골짜기.

정생동 백자가마터는 통형가마에서 계단식 칸막이 가마로 발전해 가는 중간 단계 가마다.

흘러 내려오는 금동천을 앞에 두고 사기점골마을이 들어섰다. 어남동 쪽에서 흘러 내려오는 하천을 앞에 두고 답적골마을이 앉았다. 두 곳 모두 뒤편으로는 산이 솟아 마을을 지킨다. 두 산은 그 기원이 다르다. 묘한 조합이다.

두 마을 앞을 흐르는 내는 굽이굽이 흘러 이웃 마을 묘각골에서 흘러내린 정생천에 더해 침산동 즈음에서 유등천과 합류한다. 내를 건너 이웃한 두 마을이지만 정생2동으로 묶기 전부터 한 마을로 지냈다. 크게 자연마을은 사기점골과 답적골이다. 답적골 북쪽, 사기점골과 답적골 사이에 집 두세 채 있는 곳은 '장터'라 따로 부른다. 아주 오래전에 장이 서서 그렇게 부른다는데 동네 어른들도 본 적이 없는 아주 오래전 얘기다.

백자 굽던 가마터가
두 마을이 함께 사용하는 마을회관은 사기점골마을에 있다. 2층 건물인데 1층은 슈퍼다. 보통 마을에서 구판장이라고 부르는 그런 조그만 가게다. 사업자등록증에는 한마음슈퍼라는 이름이 있지만 번듯한 간판은 내걸지 않았다. 마을회관을 관리하는 조건으로 임대를 얻어 마을에서 급하게 필요한 물품을 조목조목 구비한 가게다. 지금 주인장은 3년 전부터 가게를 맡아 운영하는 고정순(52) 씨다. 검고 큰 개 한 마리가 마을회관 앞마당을 지킨다. 들녘에 일 나가는 주민이 꽁꽁 얼린 물을 사기도 하고 가로수 관리에 나선 관리요원이 잠깐 들러 쉬어 가기도 한다.

그 구판장에서 북쪽 골짜기를 보면 경사를 따라 길게 지은 건물 한 채가 눈에 들어온다. 대전시 기념물 제36호인 정생동 백자가마터다. '사기점골'이라는 마을 이름이 왜 생겼는지 짐작게 하는 유적이다.

정생2동 쉼터 한마음슈퍼.

　정생동 백자가마터는 총 길이 약 26m, 내벽 너비 약 1.4m로 지난 1997년 11월 7일 문화재로 지정했다. 한국민족대백과 기록을 살펴보면 16세기 말에서 17세기 전반기에 운영했던 백자가마다. 발굴 당시 백자가마와 함께 부속 작업시설 세 개소를 확인했다. 정생동 백자가마터는 통형가마에서 계단식 칸막이 가마로 발전해 가는 중간 단계 가마다. 가마구조발달사에 중요한 위치에 놓여 있다. 이곳에서 발견하는 백자편 등을 볼 때 조선 전기 도자양식 쇠퇴형 식을 반영하고 일부에서는 조선 중기 도자양식이 보이기도 해 우리나라 도자사 연구에 중요한 자료로 평가한다.

　마을회관에서 백자가마터 쪽으로 천천히 걸어 올라가며 밭에 심은 참깨와 옥수수, 포도 등이 강렬한 태양 빛에 익어 가는 모습을 보는 것이 즐겁다. 골짜기는 밑에서 가늠했던 것보다 훨씬 깊다. 흐르는 물도 맑고 깨끗하다. 이쪽이 아래사정골이다. 동남쪽 반대편에는 우사정골이다.

　가마터를 보호하는 건물 출입구는 굳게 닫혔지만 정면과 양옆으로 나 있는

속들 앞에 서 있는 미루나무.

창문을 통해 그 모습을 가늠하는 것이 그리 어렵지는 않다. 경사면을 따라 길쭉하게 자리 잡은 가마터는 손본 후 다시 불을 지펴도 아름다운 빛깔을 뽐내는 그릇을 만들어 낼 수 있을 것처럼 형태가 분명하다. 이 고장 좋은 물과 좋은 나무, 좋은 흙이 모여 생활에 꼭 필요한 그릇을 만들어 냈을 게다. 산 경사면을 따라 가마를 올리고 앞에 내를 둔 것도 모두 그런 이유가 아니겠나.

사기점골마을에는 집이 많지 않다. 예닐곱 집 정도다. 내와 도로, 마을 안길에 잇대어 동서로 길게 늘어섰다. 한창 일할 시간이어선지 마을에서 사람을 찾아보기가 어렵다.

사기점골에는 안동 권씨의 제실이 있다. 지금은 세를 놓고 후손은 모두 외지에 살고 있다. 이 옆에 모정이 하나 있었단다. 지금보다 하천이 더 마을 쪽으로 붙어 흘러 이곳에서 선비들이 모여 낚시질을 했다는 이야기가 전한다.

그 절에 그 탑이 그리도… 금동천과 어남동 쪽에서 내려오는 하천 사이에는 제법 넓은 들이 형성되어 있다. '속들'이다. 예전에는 논농사를 주로 지었던 그 들에는 지금 하우스가 빼곡하게 들어섰다. 이 동네 특산물인 비름나물을 비롯해 가지와 오이, 고추, 토마토 등 다양한 작물이 자란다. 이 들에서 쇠점골 사람들과 답적골 사람들이 함께 농사를 짓는다. 행정구역을 그리 나누지 않았어도 두 마을이 한마을처럼 지낼 수밖에 없는 이유다.

속들 서쪽 '답적골'이라는 마을 이름은 옛날 이 마을에 있었던 절에서 유래한다. 그 절에 탑이 있었단다. '탑절골'이라 불렀는데 음변화를 거치며 답적골, 혹은 답작골이라 부른다. 그 절도 탑도 지금은 남아 있지 않다. 마을 이름으로 삼을 정도면 그 탑이 무척 인상적이었던 모양이다. 주위에서 볼 수 없는 아름

답적골 초입에 장터마을.

중뜸에 있는 200년 된 느티나무.

옥수수를 담는 답적골 주민과 마실 나온 사기점골 주민.

답적골 도사집이라 부르는 집.

다운 조형미가 있거나 아니면 무척 크거나. 답적골은 모두 세 개 마을로 나뉜다. 마을 진입로가 다르다. 처음 만나는 곳이 중간말 혹은 중뜸이라 불리고 그 다음에 만나는 마을이 웃말 혹은 상뜸이다. 아랫말이나 하뜸은 없다. 대신 '장터'가 있다. 장터에는 근대에도 주막이 있어 마을 사람들이 술잔을 기울였던 추억이 있는 곳이기도 하다. 지금은 없다. 장터와 중뜸, 웃말 등에는 20여 호가 모여 산다. 그리 큰 마을은 아니다. 천비산에서 흘러내린 산자락 하나가 답적골 뒤를 지킨다. 그 흘러내린 산자락 사이사이에 마을과 들이 놓였다.

내가 많아서인지 골이 깊어서인지 1977년과 1987년 큰물이 지나면서 피해가 제법 컸던 모양이다. 답적골에서 만나는 주민은 모두 그 이야기를 빼놓지 않는다. 중뜸 앞에는 냇물에 징검다리가 놓여 있다. 그 다리를 건너면 보호수로 지정한 느티나무가 건강하게 서 있다. 수형이 제법 아름답다. 큰물에도 용

답적골 중뜸마을 돌담길.

케 견딘 모양이다. 큰길로 나와 다리를 건너 웃말로 들어설 수 있다. 초입에 집 한 채가 있고 바로 밭이 이어진다. 그 밭 끝머리 즈음에 산모롱이를 돌아난 길이 있는데 앞고개골로 이어지는 길이다.

그 모롱이 길을 그냥 지나치면 바로 동네다. 제법 커다란 암벽 위로 느티나무가 자라고 그 그늘 아래 옥수수를 포장하는 손길이 분주하다. 바로 그 옆에 있는 집을 이곳 주민들은 '도사집'이라 부른다. 옛날 '도사'라는 벼슬을 지낸 사람이 살던 곳이란다.

1977년 수해가 나기 전에는 그곳 근처에 모정이 있어 마을 주민들이 여름 더위를 피하기도 하고 술잔을 기울이기도 했다. 그 모정 옆에는 큰 느티나무도 세 그루가 있었다는데 큰물이 지나면서 모정과 함께 나무도 뽑혔단다.

"옛날 이 동네 사람들은 하천을 따라 걸어서 안영리까지 나갔지. 그곳에서 대전 장을 보았어. 그렇게 가려면 새벽밥을 먹고 길을 나서야 해. 수레를 끌고 갈 필요가 없으면, 지금 동물원 쪽으로 넘어가는 그 길 근처에 아들바우라고 있는데 그 옆으로 좁은 길이 있었지. 그 길 따라서 넘어 다녔고. 이 동네 아이들이야 저기 목달동에 있는 산서국민학교에 다녔어. 제법 먼 길이었는데 다들 걸어 다녔지. 하고개라는 곳을 넘어서 말이여. 중고등학교라도 가려면 대전 시내로 나가야 했고."

아침 일찍 일을 끝낸 문갑동(79) 노인회장이 샛잠을 자다 깨어나 이런저런 이야기를 들려준다. 오래전부터 지내 왔던 산제도 여전히 지낸다. 매년 제관을 새롭게 정해 지내지는 못한다. 그 규칙을 고수하면 산제를 아예 지내기가 어렵다. 그래서 마을통장이 도맡는다. 음력 정월 열나흗날 마을 앞산 중턱 즈음에 있는 산제당에서 제를 올린다.

첩첩산으로 둘러싸인 마을은 특별할 것 없이 조용하다. 마을 규모에 비해 좁지 않은 농토와 두 마을 앞을 흐르는 하천은 간혹 큰물을 내려보내 시련을 주기도 하지만 대신 비옥한 땅을 내주었다. 오래전, 우리 선조가 어떤 자리에 마을을 들이고 둥구나무를 심고 삶에 꼭 필요한 그릇을 만들며 땅과 함께 어떻게 살았는지를 전형적으로 보여 주는 평화로운 마을이다.

대전 중구 산성동

보문산 바람 내려와
조용히 머물다 떠나는 마을

산성동 탑골마을

보문산 바람 내려와
조용히 머물다 떠나는 마을

　멍텅구리같이 똑같은, 개성이라곤 찾아보기 어려운 아파트가 삐죽삐죽 솟아올랐다. 한때 고급스러운 도시 외형이라 착각했던 그 몰골은 이제 물린다. 그 아파트 숲 주변으로 우연히 발견하는 오래된 마을은 그래서 반가울 수밖에 없다.
　이번에 답사한 산성동 '탑골마을'도 그런 마을 중 하나다. 큰 도로를 건너면 외형이 심하게 일그러진 마을이 있다. 조금 더 가면, 물밀듯이 확장하는 아파트 단지가 턱밑까지 밀려왔다. 대전동물원으로 이어지는 신설도로가 뚫려 마을 외곽 모습이 살짝 달라지기는 했으나 진입로를 따라 들어가면 옛 모습을 간직한 탑골마을과 만난다.

진입로에 올라서면 마을 전체가 한눈에 들어온다.
부채처럼 산세를 따라 푹 퍼져 있는 마을은 꽁꽁 얼어붙었다.

신설도로를 만들기 전에는 마을 남서쪽에 있는 빌라 옆길을 이용했다. 좁은 길이었다. 겨울다운 추위가 매섭게 몰아치고 간간이 눈발도 날리던 날, 탑골 마을을 찾았다.

탑골에 탑은 없어지고

새로 만든 도로에 잇닿아 있는 마을 진입로는 살짝 경사가 있으며 넓다. 흘러내린 보문산 자락에 마을이 얹혀 있는 형국이라서 그렇다. 진입로에 올라서면 마을 전체가 한눈에 들어온다. 부채처럼 산세를 따라 쭉 펴져 있는 마을은 꽁꽁 얼어붙었다.

짧지 않은 진입로를 따라 들어가면 진짜 마을 초입에 해당하는 부분에 공중전화가 있다. 마을에 공중전화를 설치할 정도니, 나름 규모가 꽤 큰 마을이었음을 짐작게 한다.

마을 중심지였던 둥구나무와 공중전화.

그 옆에 있는 집은 한때 마을 구판장(가게)이었으나 지금은 영업하지 않는다. 대신 사찰 명패가 붙어 있다. 또, 공중전화 조금 못 미쳐 나무를 심어 놓은 공터가 있다. 나무를 심기 전, 마을 공동주차장이 있던 곳이란다. 공중전화 남쪽으로는 마을 공동우물이 있었다. 주민 모두가 물을 긷고 빨래를 하던 곳이다. 지금도 나무로 만든 우물 지붕이 남아 있다. 쓰러지기 일보 직전이다. 우물 형태는 거의 사라졌다. 흙으로 메운 모양이다. 우물이 있던 곳이라는 사실을 알고 쳐다보니 대충 윤곽이 잡힌다. 그렇지 않다면 상상하기 어렵다.

공중전화 바로 옆, 콘크리트 포장을 한 1㎡ 정도 공간이 있다. 둥구나무라고 하기에는 옹색한, 도시 가로수로 익숙한 플라타너스 나무 아래다. 그곳에 탑이 있었단다. 형태를 갖춘 탑이 아닌 돌무더기를 쌓아올린 탑이었나 보다. 추정하는 것은 지금 그 탑이 사라졌기 때문이다. 탑 높이는 대략 1.5~1.6m 정도였다. 짐작했겠지만 그 탑에서 탑골마을이라는 이름이 생겼다. 탑동이라고도 불렀다. 그 중요한 탑이 사라져 매우 안타까웠다. 그 탑을 없앤 연유가 무척 궁금했지만 아는 주민을 만나기는 어려웠다. 아니면, 알고는 있지만 말하기 어려운 소소한 이유가 있는지도 모르겠다. 진짜 탑은 10여 년 전에 사라졌지만, 담벼락에 벽화로 남겨 두었다.

70~80년대 분위기 물씬

진입로부터 직선으로 마을 꼭대기까지 이어지는 마을 안길 주변으로 담벼락마다 알록달록한 그림을 그려 두었다. 재미있는 설치작품도 드문드문 눈에 들어온다. 공공미술 프로젝트를 진행했다는 말은 듣지 못했는데, 어찌 된 영문인지 모르겠다. 그 의문은 산성동 26통 이옥화(58) 통장을 만나면서 해결했다.

탑이 있던 자리.

옛 우물터

널찍한 마을 터에 몰아닥친 찬 기운이 담벼락 그림을 만나 조금 누그러드는 것처럼 보였다.
벽화가 따뜻하다.

진입로부터 직선으로 마을 꼭대기까지 이어지는 마을 안길 주변으로
담벼락마다 알록달록한 그림을 그려 두었다.
재미있는 설치작품도 드문드문 눈에 들어온다.

"중구가 부사동에서 무지개프로젝트를 진행했어요. 담에 벽화를 그렸더라고요. 그거 보고 중구에 가서 막 졸랐지요. 우리도 해 달라고. 그런데 예산이 없어서 전체를 못 하고 조금만 한 거예요."

들어간 예산은 총 400만 원이다. 널찍한 마을 터에 몰아닥친 찬 기운이 담벼락 그림을 만나 조금 누그러드는 것처럼 보였다. 벽화가 따뜻하다.

마을 가옥 형태 중에 두드러진 것은 어른들이 흔히 '말집'이라 부르는 집이 많다는 점이다. 말집은 세를 주기 위해 방을 여러 칸 낸 기다란 모양을 하고 있다. 과거 상부사마을을 취재할 때 자주 보았던 집 형태다. 신기한 것은 그 집에 여전히 세 들어 사는 사람이 제법 있고, 빈방이 있음을 알리는 광고판도 나붙었다는 점이다. 이옥화 통장 집에도 네 가구가 세 들어 산단다. 그렇다 보니 전체 가구는 54가구지만 세 들어 사는 세대를 더하면 80세대 정도가 탑골마을에 산다.

아무래도 대전 원도심과 가깝고 교통편도 나쁘지 않고 보문산에서 내려오는 맑은 공기 등이 세입자를 끌어들이는 요인으로 보였다. 전체적으로 1970~1980년대 풍의 마을 느낌이 진하게 배어 나온다.

공원 지역 규제 받아

탑골마을은 공원 지역으로 규제를 받고 있다. 그래서 몰아치는 개발에 저항할 수 있었겠지만 주민 불편은 이만저만이 아니었다. 주택을 새로 지을 수 없는 것은 당연하고 지금은 그나마 집을 좀 더 편하게 고칠 수 있지만, 오래전에는 그조차도 여의치 않았다. 이옥화 통장 집에서 만난 유제순(48) 씨가 답사 일행을 집으로 초대했다. 추운 날, 벌벌 떨고 다니는 꼴이 안쓰러웠던 모양이다. 초대만으로도 마음이 따뜻해졌다.

"토박이 어른들이야 주로 농사를 지었지만 지금은 대부분
직장에 다니는 사람들이에요. 집을 새로 짓지 못하니까,
형태야 30년 전이나 지금이나 똑같고요."

유제순 씨

집 안은 밖에서 본 것과 사뭇 달랐다. 손을 댈 수 있는 안쪽을 주어진 여건에서 세심하게 손본 것이다.

"토박이 어른들이야 주로 농사를 지었지만 지금은 대부분 직장에 다니는 사람들이에요. 집을 새로 짓지 못하니까. 형태야 30년 전이나 지금이나 똑같고요."

외부에서 들어와 터를 임대해 인삼농사를 짓는 것과 부챗살처럼 퍼져 있는 마을 중간 즈음에 놓여 있는 논 조금 말고는 별다른 농지가 보이지 않아 궁금하던 터였다. 마을 외형만 옛날 모습을 간직하고 있는 줄 알았더니 동네 분위기도 여전하단다. 대보름이면 농악패가 집을 돌아다니며 터 밟기를 해 주고 혼사 등 기쁜 일이 있으면 주민이 모여 잔치도 벌인다. 혼자 밥 해 먹기 심심하면 이웃이 삼삼오오 모여 밥도 함께 먹고 이야기를 나눈다니, 어린 시절 우리 동네 모습이 자연스럽게 떠올랐다.

이렇게 분위기 좋은 마을인데, 마을회관은 없었다. 규제가 심한 곳은 정부에서 보상 차원에 공공 공간을 만들어 주는 것을 많이 보았던 터라 의아했다.

보문산 바람길

동네 꼭대기까지 올라갔다. 산자락 비탈면이다. 돌아 나와 마을 진입로에서 우측으로 갈라지는 쪽으로 들어서 본다. 보문산 자락 마을답게 등산로와 약수터를 알리는 푯말이 있다. 그래서 원색 등산복과 등산화를 챙긴 등산객이 제법 보인다.

그 끝은 개인이 운영하는 농원이다. 매실나무를 키우고 전통 된장과 고추장 등을 판매하는 모양이다. 그 즈음에서 내려다보면, 마을이 한눈에 잡힌다. 마을 터가 넓고 집이 군데군데 군락을 이루고 있어 바람길이 막힌 곳이 없다. 멀리 아파트 숲이 보인다. 보문산에서 내려온 바람이 탑골마을에 머물며 심호흡하고 내달리는 곳이 바로 저곳인 모양이다.

2011년 2월 46호

대전 중구 산성동

마을 품은 보문산 자락
대부분 사라지고

산성동 금터골마을과 맹이마을

마을 품은 보문산 자락
대부분 사라지고

 차갑게 불던 바람이 멈췄다. 어떤 방해도 없이 햇볕이 내려앉는다. 회색빛 콘크리트도, 시커먼 아스팔트도 따사로운 기운이 감돈다. 꼬마 둘이 햇볕을 가르며 골목길을 통통 뛰어간다. 아이들이 저편으로 영원히 사라질 것만 같은 몽환적 풍경이다. 잠깐 현기증이 인다.
 그리 오래 묵은 마을이 아닌데 많이 낡아 보였다. 따뜻한 기운보다는 을씨년스러운 기운이 감돈다. 굳게 내려앉은 상가 셔터와 사람 대신 차가 가득한 골목길, 저 아래 보이는 회색빛 아파트 때문이다.
 앞서 찾았던 탑골마을과 이웃한 마을이다. 산성동에 속했다. 부드럽게 흘러

전원주택 단지가 들어설 보문산 자락.

꼬마 둘이 햇볕을 가르며 골목길을 통통 뛰어간다.
아이들이 저편으로 영원히 사라질 것만 같은 몽환적 풍경이다.

내리던 보문산 자락은 오월드로 이어지는 도로를 만들며 절단 났다. 탑골마을에서 볼 때, 그 절단 난 길 건너 마을이다. 보문산 자락을 절단 낸 도로와 한밭도서관 앞을 지나 산성 네거리까지 이어지는 도로, 산성 네거리에서 안영동으로 향하는 도로, 그리고 보문산 줄기가 이번 답사 마을을 둘러쌌다. 그 구역 안에 있는 자연마을은 금터골과 맹이다.

  북쪽 마루매기는 조금 경계가 모호하다. 멋틔는 마루매기보다 더 북쪽 방향에 있고 서쪽으로는 뗏집거리가 있다. 금터골에서 보문산 쪽으로 붙어서는 가재울이라 부른다. 동네에서 당디라는 마을 이름도 들었는데 이 마을은 서부시외버스터미널 부근으로, 이번 답사 구역에서 멀리 떨어진 마을이다. 그래도 모두 한 마을 내지는 이웃 마을로 주민에겐 친근한 마을이다.

뒷산에는 전원주택 단지 조성

금터골에 대한 유래는 그 증언이나 기록을 확인할 수 없었다. 맹이^{맹뜨} 역시 마찬가지다. 한자 기록이 해석을 더 헷갈리게 하는지 모르겠다.

맹이는 날맹이를 뜻하는 듯하다. 금터골에서 볼 때 맹이는 분명히 언덕배기다. 보문산 자락이 흘러내려 오는 상단 부분이다. 독특한 이름의 마루매기는 과거 말에게 먹이를 주던 곳이라는 기록과 증언이 있다. 한자로도 마막馬幕이라 적었다.

가재울은 마을 남쪽을 든든하게 지지하는 보문산 자락이 가재 모양을 닮아 그런 이름이 붙었단다.

그나마 남아 있는 이 산은 현재 공사 중이다. 나무를 모두 잘라 탁한 흙빛이 도드라진다. 하늘과 맞닿아 묘한 풍경이다. 이미 도로로 그 맥을 끊어서인지 산 까뭉개는 것이 별로 대수롭지 않았던 모양이다. 보문산 한쪽이 완벽하게 사라지는 순간이다. 동네 주민은 "이곳에 전원주택이 들어설 것이다"라고 심드렁하게 알려 준다.

산 정상에 들어서는 전원주택, 발아래 탁 트인 풍광 속에 대전 시내를 굽어보며 맑은 공기를 마실 수 있는 곳이니 욕심내는 사람들이 제법 될 듯싶다. 이 산을 수도산이라 부르는 사람도 있었다. 부근에 수돗물을 공급하던 정수장 시설이 있었단다. 지금은 없다.

지금이야 턱밑까지 아파트와 빌라가 들어섰지만 아주 오래전에는 저 아래 아파트가 보이는 곳까지 산자락이 완만하게 흘러내렸을 게다. 그 산자락을 일궈 밭을 만들고 다랑이 논을 만들어 삶을 영위했다.

현재 그곳에는 집과 다세대 주택이 빼곡하다. 층을 이뤄 구획 정리한 곳에 차곡차곡 집을 짓고 도로를 냈다. 계단식 주택단지다. 큰 도로 옆과 중간 부분쯤에는 상권을 형성했다. 대로변이야 지금도 그대로지만 마을 중턱 즈음에 상가는 문이 많이 닫혔다. 슈퍼마켓 정도만 자리를 지키고 있다.

"조금만 끈기를 가지고 계속하면 장사가 될 것 같은데, 금방금방 문을 닫더라고요. 우리 가게 장사 되는 걸 보면, 괜찮을 것 같은데."

점심 직후 노곤하게 밀려드는 졸음을 쫓아내던 슈퍼마켓 주인아저씨 얘기다.

마을 형성 초창기에 지은 듯 오래된 건축물이 축대 위의 산비탈에 얹혀 있는가 하면 동네 분위기와는 어울리지 않는 이국적 이름을 붙인 빌라도 여러 채다. 또, 언덕배기에 삐죽이 솟아오른 아파트도 한자리 차지하고, 산 날망에 전원주택 단지도 들어선다니 대한민국 근·현대 주거 형태를 총망라한 박람회장이나 다름없다.

대부분 철도국 땅이었는데

동네 중간 즈음에 '어린이 공원'이 있다. 오래전에도 공원이었던 것을 최근에 손본 모양이다. 갓 옮겨 심은 조경수는 엄동설한에 살아남으려 기를 쓰는 모습이 역력하다. 새로 칠한 페인트 색이 바짝 올라, 놀이기구도 도드라진다. 그곳에 오래 살았던 소나무와 느티나무가 있었는데, 다른 곳으로 옮겨 심은 모양이다. 더군다나 그중 몇 그루는 죽었단다. 바로 옆에 있는 '원대 경로당'에 모여 있는 할머니들 얘기다. 원대 遠垈는 '멋틔'라는 자연마을 이름을 한자화한 것이다. '멋틔'는 먼 터다.

본래 마루매기 근처에 있었는데 1992년 현재 자리로 옮겼다. '금터나 맹이'라는 이름을 사용하지 않은 것은 경로당 정문 앞에 있는 비석을 통해 확인할

수 있었다. 이곳 주민은 탑골과 맹이, 금터골, 마루매기, 멋틔 다섯 마을을 한 마을로 인식했었다. 그 다섯 마을의 경로당이 원대 경로당인 셈이다.

경로당 안에는 할머니들이 모여 앉아 두런두런 이야기를 나누고 있다. 45년 전에 이곳에 시집왔다는 한 아주머니는 당시 집이 몇 채 없는 "녹두밭 우물이었다"라고 표현했다. "녹두밭이 많았냐?"라고 되물었다가 비웃음을 샀다. 그만큼 척박하고 메마른 곳이었다는 뜻이란다. 집도 몇 채 없었다.

"그때 철길 옆으로 해서 대전에 장을 보러 다녔지."

농을 잘 치던 아주머니는 끝내 이름을 알려 주지 않았다. 듣기로는 원대노인회 총무라 했다. 마을 이름 유래 등을 물으니 회의에 참석하러 갔다는 유희찬(75) 노인회장에게 급하게 전화한다.

"본래는 대보름에 윷 놀고 같이 음식도 해 먹고 그랬는데 올해는 조금 땡겨서 빨리했어. 그래야 노인들이 오래 산다고 그래서…."

유 회장을 기다리는 동안 이런저런 이야기를 나누는데 꼭 시골 노인정에 앉아 있는 기분이다. 눈앞에 고층 아파트가 보이고 단독주택보다는 다세대 가구가 많은 곳인데, 외곽 전통마을 느낌이 드는 것이 묘하다.

잠시 후 도착한 유 회장은 손수 약도를 그려 각 마을 위치를 찍어 주었다. 그리고 동네 생성 당시를 회고했다.

"이곳 대부분이 본래 철도국 땅이었어. 일제 강점기에 왜놈들이 여기다가 철도 조차장을 만들려고 그랬지. 그러다 해방이 되고 나서 개인에게 불하했지. 그러면서 본격적으로 마을을 형성했어. 산 밑으로 집과 아파트가 들어선 것은 1990년대 들어서야. 그때 구획 정리를 하는데 땅이 없어서 산자락 바로 턱밑까지 토지를 만들었어."

원대 경로당과 정문 앞의 비석

"이곳 대부분이 본래 철도국 땅이었어.
일제 강점기에 왜놈들이
여기다가 철도 조차장 만들려고 그랬지."

유희찬 노인회장

꽤 오랜 세월 묵어 보였지만 실상 지금 형태를 갖춘 것은 20~30년 안쪽이라는 얘기다.

최근에 형성한 도심 마을을 답사할 때는 늘 긴장한다. 특별할 것이 없는 무척 익숙한 풍경이라 이야기를 찾아내는 것이 아주 어렵다. 다행스럽게도 이번 답사 구역에서는 옛 지명을 꽤 많이 확인했다. 지금은 그 지명에 어울리는 외관이 전혀 아니지만 나름 푸근함을 준다. 산비탈에 주택단지가 들어선 덕(?)에 눈만 내리면 온 동네가 제설 작업에 한바탕 전쟁을 치러도 산자락에서 흘러내리는 시원하고 맑은 공기와 조용한 동네 분위기가 참 좋다.

2011년 3월 47호

3부

원도심의 기억

대전 중구 은행동

U-City를 꿈꾸던 마을, 지금은 침묵시위 중

은행동 목척마을

U-City를 꿈꾸던 마을, 지금은 침묵시위 중

 마을 중심으로 들어설수록 소름 끼치는 부담감이 몽글몽글 솟아올랐다. 마을은 침묵시위를 벌이고 있었다. '너희가 저지른 짓을 좀 보란 말이다'라는 질책이 전해졌다.

 마을을 처음 형성했던 그즈음처럼 복작거림과 아이들 웃음소리가 골목마다 넘쳐날 거라고 생각지는 않았다. 그래도 최소한 골목에 내려앉은 햇볕 아래 옹기종기 모여 있는 사람을 흔히 만나고, 낡아서 더 친근한 집에는 오랜 시간 묵은 '기운'이 서려 있을 것으로 생각했다.

 근데, 아니었다. 큰 변란이라도 일어나, 순식간에 삶터를 정리하고 떠난 것

처럼 마을 곳곳이 폐허로 변했다. 저녁 찬거리를 준비하는 이들로 웅성거렸을 목척시장은 한때 이곳이 시장이었음을 알려 줄 정도로만 겉모습이 남아 있다. 골목에서 만나는 사람들 눈에는 경계의 눈빛이 가득하고 평상에 나와 앉은 아주머니는 풍경에 녹아들지 못하고 붕 떠 있다.

낮은 지붕 너머로 보이는 옆 동네 고층 빌딩은 너무도 비현실적이어서 알싸한 현기증이 인다. 마을 옆을 흐르는 대전천도 마찬가지다. 주민과 함께 삶을 풀어내던 예전의 그 시냇물이 아니다. 몸을 씻고 채소를 씻고 여름에는 수영장으로 겨울에는 스케이트장으로 함께 텀벙텀벙 놀았던 대전천이 아니었다. 멀고 깊은 발원지에서 출발해 바다를 향해 내달음 치는 긴 물줄기의 한 부분일 뿐이다. 물줄기는 얕고 낮게 엎드려 숨죽인 채 흐른다. 물줄기를 바라보는 눈길도 그저 심드렁하다.

좁은 골목 사이로 이어진 동네에는 해를 거듭하며 상황과 편의에 맞게 증축한 건물이 눈에 띤다. 2층에서 마을의 쇠락을 지켜보고 있는 오래된 나무틀 창문이 무척 많다.

지금은 낯선 마을 이름 '목척'

목척마을은 대전천과 중앙로, 대종로, 선화로로 둘러싸인 곳이다. 선화초등학교 앞 동네다. 대전을 설명하는 자료 중, 조선 영조(1694~1776) 때 공주목 산내면 목척리 木尺里라는 지명 흔적이 나타나는데 이곳이 이번 답사 지역으로 보인다. 일제 강점기, 이 마을 인근에 대전천을 가로지르는 목척교가 있었다. 기록에 따르면 폭 5.45m, 길이 70m였다. 목척마을 인근에 설치해 그리 불렀다. 이를 볼 때 지금은 마을 이름으로는 낯선 '목척'이 일제 강점기까지는 제법 익숙한 지명이었던 모양이다. 여하튼 광복 후부터는 은행동이라 통칭해 부른다. '은행동'이라는 동명의 기원이 된 '으능정이' 마을은 중앙로를 가운데 두고, 목척마을 건너편을 칭한다.

분명한 것은 은행나무골, 즉 으능정이는 목척마을이 생겨난 이후에 형성되었다는 사실이다. 기록에 의하면 은행나무골은 1880년대에 마을을 형성했다. 탄방동 뗏집거리를 지나 호수돈여고 앞 모갓골에 주막이 생기면서다. 대전을 횡단하는 보부상이 주막부터 은행나무골까지 길을 만들고 이곳에 정씨 한약방이 들어서면서 그 뒤로 집이 하나둘 생기기 시작했다.

은행동이 앞서 형성한 목척마을까지 싸잡아 통칭하는 마을 이름이 되었다. 어디가 더 번화했는지가 영향을 미쳤을 것이다. 이제 목척마을은 그 지명조차 낯선 곳이 되어 버렸다.

골목과 나무, 유리창이 인상적

충남도청을 기점으로 주변 마을을 답사하면서 가장 많이 듣는 이름이 공주 갑부 '김갑순'이다. 그가 소유한 땅이 얼마나 넓었는지가 이야기 골자다. 목척마을도 다르지 않았다. 그의 땅이 무척

목척시장 전경. 지금도 문을 열고 손님을 맞는 가게가 제법 있다.

많았던 모양이다. 그에게 작은 집터를 사 보금자리를 꾸민 사람들의 행복한 미소가 마을 곳곳에서 떠오른다.

한국 전쟁 당시에는 피난민이 내려와 자리를 잡았고 대전역 앞으로 제법 규모가 있는 상권도 형성했다. 큰길 옆으로는 양화점과 병원도 자리를 잡았고 안쪽으로는 소위 '텍사스촌' 아니면 '방석집'이라고 부르던 유흥가도 있었다.

지금은 도심 속 오지 초등학교가 되어 버린, 목척마을 옆 '선화초등학교'도 학생이 너무 많아 오전반과 오후반으로 나눠 아이들을 가르쳐야 했다. 그 앞에는 아이들을 상대로 문구점도 성업이었다. 그 문방구 아들내미는 공부를 잘해 한의사가 되었고 본래 문방구 건물에 개원했다가 지금은 동구 어딘가로 이사했다는 상세한 남의 집 이야기가 골목에서 여전히 흘러나왔다.

근래 들어 목척마을은 완전 주택가도 아니었지만 그렇다고 온전히 상업 지역도 아니었다. 대전역과 중앙로 쪽으로는 장사하는 이들이 자리를 잡고 선화초등학교 쪽으로는 주택가가 형성됐다. 마을 서쪽에 치우쳐 형성한 목척시장에는 퇴근길 들러 저녁 찬거리를 마련하는 사람들로 북적였다.

"큰 장을 보려면 중앙시장에 갔지만 일상적으로는 목척시장을 봤어요. 무허가 시장이었지만 그래도 제법 잘되던 곳인데…."

목척시장에는 지금도 문을 열고 손님을 맞는 가게가 제법 있다. 철물점, 닭고기집, 잡화점까지. 여전히 사람 사는 동네라고 말하는 듯해 반갑다.

좁은 골목 사이로 이어진 동네에는 해를 거듭하며 상황과 편의에 맞게 증축한 건물이 눈에 띈다. 2층에서 마을의 쇠락을 지켜보고 있는 오래된 나무틀 창문이 무척 많다.

마을 중심부에는 넓은 주차장이 있다. 옛날 제재소였단다. 주차장 관리사무소로 사용하는 2층 건물은 어떤 특정 시기(1970년대 전·후반으로 짐작)를 대표하는 건축양식이다. 무너지지 않았으면 좋겠다.

어지간하면 마을 어디로라도 연결되는 사통팔달 골목길을 헤집고 다니니 시간 가는 줄 모른다. 골목 양지바른 평상에 나와 있는 아주머니 곁에 앉았다. 지나던 주민 몇 사람이 방앗간이라도 만난 양 자연스럽게 발걸음을 멈춘다.

"요즘에는 누가 문만 두드려도 무서워 죽겠어. 날이 어두워지면 밖에를 못 돌아다녀."

'빈집털이 집중단속'이라는 중부서 강력수사팀 명의의 홍보판이 전봇대에 붙어 휘날리던 모습이 떠오른다. 주민 이야기도 이해가 간다. 주택 태반이 비어 있다.

환경정비가 환경을 망치고

이곳에 도시환경정비사업시행 인가가 난 것이 2008년이다. 대전 중구 은행동 1-1번지 일원으로 사업 대상 건축물만 주택 등 모두 487동이었다. 이곳에 지하 6층 지상 60층의 초고층 아파트 다섯 개 동을 지을 계획이었다. 조합을 설립하고 사업인가가 나면서 금방 신세계가 펼쳐질 것만 같았던 마을이 지금처럼 폐허로 변한 것은 시공 건설업체로 선정한 곳이 사업 착수를 미루면서다.

도시환경정비사업 계획을 즈음해 부동산 수익을 올리려는 외부 자본이 만만찮게 들어왔다. 이 순간, 이곳은 전통적인 마을로서 기능을 상실했다. 개발이 멈추면서 사람이 사는 마을이 아닌 투자 대상 물건이 되어 버렸다. 한 마을 주민은 "마지막 거래가 이루어진 부동산은 사업계획 이전과 비교할 때 평당 대여섯 배 이상 비싼 가격에 매매가 성사됐다"라고 말했다. 높은 토지 가격은 앞

으로 사업 시행에 걸림돌이 될 것이어서 지금과 같은 상황이 줄곧 이어질 수도 있다는 걱정을 덧붙였다.

주거나 상업이 아닌 투자 목적으로 사들인 건물에 손을 댈 이유가 없고 점점 낡아 무너져 내리는 건물에 더는 사람이 들지 않았다. 자연스럽게 빈집이 늘어나면서 완벽한 공동화 현상이 벌어졌다.

골목 한 상가에 '새로운 가치 창조 U-City'라는 제목 아래 개발 후 모습을 보여 주는 조감도가 빛바랜 채 붙어 있다. 그래도 미래 도시 느낌의 고층 빌딩은 선명하다. 그 모습이, 출입문이 모두 뜯긴 채 방치된 옆 가게와 묘한 대조를 이룬다.

2011년 4월 48호

대전 중구 대흥3동

텅 빈 마을엔 목련꽃만
흐드러지게 피고…

대흥3동 재개발정비사업지구

텅 빈 마을엔 목련꽃만
흐드러지게 피고…

〈28일 후〉라는 영화가 있다. 수많은 좀비 영화 중에 '수작'으로 꼽힌다. 영화의 배경은 영국이다. 폭력 장면을 비디오로 반복해서 본 침팬지로부터 분노바이러스가 퍼진다. 많은 사람이 죽거나 좀비가 되고 살아남은 자들은 피난을 떠난다. 교통사고로 의식 불명이 된 채 병원에 누워 있던 주인공은 바이러스가 유포된 지 28일 만에 깨어나 병원 밖으로 나온다. 아무것도 모른 채.

주인공이 맞닥뜨린 텅 빈 도시. 참 인상적이었다.

대흥3동 중 대흥1구역주택재개발정비사업 대상지를 찾았을 때 그 영화가 떠올랐다. 사업이 추진되고 있다는 것을 뻔히 알고 찾았으면서 새삼 그런 느낌

형형색색의 기왓장과 정감 있는 골목길로
오랜 시간 그만의 마을문화를 형성했을 이곳도 이제 아파트 단지로 변할 것이다.

이 든다는 것이 우습기는 했지만 그랬다.

텅 빈 그곳에서 제일 먼저 목격한 현장은 그 쓸쓸함을 더욱 크게 만들었다.

개인적으로 쓸 일이 있었는지 공터의 보도블록을 파내 차에 싣는 광경이 눈앞에 펼쳐졌다. 그 보도블록이 누구 것인지는 모르겠지만 대규모 개발 사업을 앞두고 그 정도 일에 신경 쓸 사람은 아무도 없어 보였다. 곧 그곳에서 진행할 대규모 파괴 행위에서 보도블록 몇 장은 표도 안 난다.

주택담장엔 '철거'라는 붉은 글씨와 숫자가 적혀 있고 집 창문은 대부분 부서져 있었다.

"저렇게 하면 안 돼요. 지금은 철거를 할 수 없는 단계거든요. 담장이나 벽을 부수면 철거 행위가 되니까 그건 놔두고 저렇게 창문틀이나 보일러 수도꼭

지같이 돈 되는 것만 먼저 뜯어 간 거예요."

아직 동네에 남아 있는 몇 안 되는 주민의 이야기다. 그래선지 '철거'라고 적힌 집에는 철거하면 가만두지 않겠다는 경고성 문구가 함께 적혀 있는 경우가 많았고 빈집치고는 출입문 단속도 잘되어 있는 편이었다.

재개발이 진행되면 보상과 사업비 산정 등의 문제로 시끌벅적한 경우가 많은데 이곳도 다르지 않았다. 사업 추진 과정에서 소송이 제기되고 이런저런 주장을 담은 현수막이 건물에 붙어 봄바람에 나부끼고 있었다.

한때는 한 마을에 오순도순 살던 사람끼리 감정의 골이 깊어진 상태로 뿔뿔이 흩어지는 것이 재개발의 후유증인 모양이다.

미광식품 김용선 통장.

좋은 동네였는데…

재개발사업 대상지의 중앙 부분에 위치한 미광식품에서 김용선(66) 통장을 만날 수 있었다. 김 통장은 지금의 마을이 사라지는 것이 못내 아쉽다는 입장을 밝혔다.

"봐요. 얼마나 좋아요. 길 널찍하지. 볕 잘 들지. 난 여기가 좋아서 계속 살고 싶었는데. 집 짓고 싶어서 옆집을 수십 번 쫓아다니며 설득해 간신히 집도 사 놓았는데…."

30년을 넘게 대흥3동에서 살았다는 김 통장은 아직 이사를 가지 않았다. 그만큼 아쉬움이 많이 남았다. 김 통장의 집에는 3대 일곱 명의 가족이 모여 단란하게 살고 있다. 널찍한 집을 새로 지어 살아 보겠다는 계획도 주민동의로 추진되는 '재개발' 앞에서는 어쩔 수 없었던 모양이다.

일제 강점기에 지은 뾰족집.

그렇게 텅 빈 골목과 문이 열린 집을 휘젓고 다니다가 문득 한동안 집중 조명되었던 '뾰족집'이 떠올랐다.

뾰족집을 두고 등록문화재 지정과 철회 요구 등 한동안 어수선했다. 1920년대 후반 일제 강점기에 지은 건물로 대전에서 개인이 소유하고 있는 건축물 중에는 가장 오래되었다. 원도심을 탐방하는 시민들이나 근대 건축을 공부하는 사람들이 자주 찾아 그 외관을 보며 신기하게 여겼던 건물이다.

일제 강점기 철도국장의 관사로 사용하기 위해 일본에서 목재 등 건축 자재를 들여와 지은 건물이다. 80년이 지났지만 여전히 그 외관을 원형 그대로 유지하고 있다. 현재의 상황을 정확히 확인하기 위해 조합은 물론이고 관계 기관에도 확인을 시도했지만 지금의 어수선한 분위기를 반영하듯 조심스런 반응이었다.

문화재청의 요구로 지난 1월 대전광역시 문화재자료로 가지정된 상태라는 것은 이미 공표가 된 상태고 관계자 등에 따르면 이전을 위한 협의도 상당 부분 진척된 것으로 보인다. 현재 주택이 있는 곳에서 170m 남짓 떨어진 곳에 이전을 위한 터 232㎡가량을 매입한 것으로 알려졌다.

지금 자리는 아니지만 멀지 않은 곳으로 옮겨 문화재로 등록이 되면 앞으로도 계속 '뾰족집'을 눈으로 볼 수 있을 것 같긴 하다.

뾰족집 주변을 빙빙 돌며 머릿속에 확실하게 각인시킨 후 대전중학교 쪽으로 방향을 잡아 큰길로 나갔다. 일반주택은 대부분이 이전을 한 상태지만 큰길가에 상가는 아직도 많이 남았다.

60년 전통 휘장사도 이전 불가피

그중 눈에 띄는 곳이 '대전휘장사(대표 김인호·55)'였다. 전체적인 분위기만 보아도 참 오래된 곳이라는 생각이

1942년 문을 연 대전휘장사.

든다. 그곳에서 인생에 첫 차를 마련하고 번호판을 달았던 달착지근한 추억을 가진 시민이 여럿일 게다.

"이제 한 60년이 넘었죠. 1942년 처음 학교 배지 등을 제작하는 휘장사로 문을 열었으니까요. 아버지가 하시던 걸 제가 이어받았어요."

대전휘장사가 처음 자리 잡았던 곳은 지금의 으능정이거리다. 주차난 등의 문제가 발생해 현재 대흥3동으로 이전한 지는 이제 26년 정도 되었다고 한다.

개업한 후 배지와 상패 등을 만들다가 1962년 자동차번호판 부착 업무를 시작했다. 당시 건교부에서 직접 인가를 받았다. 대전이 직할시가 되기 전이라서 충남 전체 차량 번호판을 맡았다.

그때만 해도 자동차가 지금처럼 많지 않아 크게 붐비지는 않았다. 그러던 것이 점점 차량이 늘면서 주업무와 부업무의 비중이 바뀌기 시작했다. 게다가 대전이 직할시로 분리되면서 번호판 끝자리를 홀·짝으로 나눠 번호판 부착 업무를 두 개 업체에 맡겼다. 대전휘장사는 그중 홀수번호판을 맡았다.

"이전을 하기는 해야 하는데 기본적인 시설 요건을 갖출 수 있는 터를 구하기가 쉽지 않아요. 대전 전체가 재개발이나 재정비 사업을 진행하다 보니까 땅값도 많이 올라 더 힘드네요."

번호판을 만드는 공장 안은 여전히 기계와 사람 손이 바쁘게 돌아가고 있었다. 안쪽 주택가와는 사뭇 다른 분위기였다.

이번에 함께 재개발에 들어가는 길 건너 대전고와 대전중 인근도 역시 텅텅 비어 있었다. 대부분의 상점이 여전히 영업을 하고 있는 길 건너와 달리 셔터를 내린 곳이 많았다.

얼마 전까지만 해도 판매할 물건이 가득하고 책상도 잘 정리되었을 곳에 이제는 각종 폐기물과 생활쓰레기가 가득했다.

그래도 봄은 왔더라   길을 건너 뾰족집이 있는 마을 안쪽을 다시 한 번 돌아보기로 했다. 천천히 돌아보고 공주 칼국수라는 대명사를 만들어 버린 매운 칼국수를 먹으러 갈 참이었다.

"옛날에는 여기가 대전에서 산다 하는 사람들이 모여 살던 곳 아니여? 그러니까 집들이 저렇게 좋지."

동네 골목에서 만난 한 노인은 뒷짐을 지고 선 채로 그 한마디만 남긴 채 총총 사라졌다. 찬바람이 휑허케 불었다. 어수선한 동네 상황은 낯선 이에게 자연스런 경계심을 품게 만들었나 보다.

할아버지의 얘기가 아니더라도 동네를 한 바퀴 돌아보고 나니 어린 시절 선망의 대상이었던 이층집이 많았다. 빨간 벽돌로 외장을 꾸민 것이 한없이 정성스럽다. 마을을 격자로 나누는 도로는 널찍했고 그 사이사이 거미줄처럼 얽힌 골목길도 한없이 정겨웠다. 골목을 포장한 블록은 사람 통행이 드물어 거무튀튀한 물때가 끼어 칙칙했지만 그래도 좋았다. 이웃집 담장과 맞물려 만들어 놓은 골목엔 벌써 그리움이 가득했다. 그렇게 걸어 대흥1구역과 닿아 있는 곳에 다다랐다. 공주 칼국수라는 고유 명사를 만들어 낸 칼국수 집이 많아 미식가들을 유혹했던 곳이다. 아직 칼국수 가게는 대부분 영업을 하고 있었다. 점심때가 조금 지난 시간이었지만 사람도 제법 많았다.

주민 대부분이 떠난 마을에도 봄은 어김없이 찾아오고 있었다. 보도블록 사이를 비집고 나오는 녹색 풀빛은 밝았고 집 마당 한쪽에 심어 놓은 목련과 매화는 뽀얀 꽃을 예쁘게 틔우고 있었다.

텅 빈 마을에서, 구름 둥실 떠 있는 파란 하늘을 배경으로 흐드러지게 핀 목련꽃이 서럽다.

2008년 4월 12호

대전 중구 대흥동

정겨운 골목,
40년 훌쩍 넘은 태창문구 고스란히

대흥동 학교 주변

정겨운 골목,
40년 훌쩍 넘은 태창문구 고스란히

붉은 벽돌이 대부분이었던 옛 대흥3동 인근, 한때는 대흥1구역이라 부른 지역이다. 주택재개발사업을 진행하면서 그렇게 이름을 붙였다. 한눈을 파는 사이 해당 구역에는 높은 패널 울타리가 올라갔다. 아무도 간섭하지 말라는 무거운 침묵처럼 보인다.

지난겨울 초입, 터를 닦기 시작해 휑하기만 하던 그곳을 지난 적이 있다. 가로수로 심은 은행나무에서 노란색 은행잎이 눈 내리듯 휘날렸다. 그 아름다운 풍경 너머로 보이는 건설 장비에 화가 치밀었다. 괜히 억울해서 눈물이 찔끔 날 정도로 말이다. 그나마 다행인 것은 은행나무는 아직 손대지 않았다는 사실이다.

봄볕 따뜻한 날, 대흥동을 찾았다. 아직 남아 있지만 언제 사라질지 모를 곳을 말이다. 대전고등학교와 대전중학교, 대흥초등학교 주변이다. 대흥동이 지금보다 훨씬 클 때는 대흥 1, 2, 3동으로 나뉬었지만, 지금은 그냥 몽땅 대흥동이다. 대흥동사무소는 대흥초등학교 맞은편에 있다. 과거 대흥3동사무소 건물이다. 마침 동사무소 밖에 나온 관계자는 2000년 현재 자리에 대흥동사무소가 들어섰고 건물은 대략 20년 정도 되었다고 친절하게 설명한다.

옛날 하숙, 자취 촌

높은 패널 울타리 덕분에 대흥동을 관통하지 못하고 대고 오거리까지 걸어가 대전고등학교 서쪽 담을 따라 답사를 시작했다. 학교 쪽으로 당단풍나무와 플라타너스, 도로 쪽으로 은행나무가 제법 운치 있다. 봄과 가을에 걷기 딱 좋은 길이 100m 남짓이다. 뚝 끊기기는 하지만 인도 한가운데 자전거 도로가 나 있다. 푹신한 우레탄 재질의 보도다. 대흥동 걷기 좋은 짧은 길 '100선'에 들고도 남겠다.

그 길이 끝나는 지점에 대전중학교 담벼락 쪽에 붙은 좁은 골목이 있다. 들어가 보고 싶은 호기심을 자극하는 골목이다. 어른 둘이 마주치면 서로 어깨를 돌려야 할 정도로 좁다. 골목이 끝나는 지점에 윤영자(70) 씨가 분갈이 중이다. 그 한적하고도 좁은 골목에서 갑자기 나타난 낯선 이를 만나고도 놀라지 않는다.

"여기가 골목 끝이 아니에요. 여기로도 또 이어져요."

손가락으로 좌측을 가리킨다. 그래 이것이야말로 골목길이다. 차는 못 다니고 사람만 다닐 수 있고, 이제 막다른 골목인가 보다 생각했을 때 방향을 급히 틀어 새로운 곳으로 내달리는 골목. 태양 아래 바짝 마른 운동화와 건물 지붕 사이로 보이는 조각하늘, 명상 음악이라도 흘러나오는 것처럼 발길을 붙드는

"여기가 골목 끝이 아니에요.
여기로도 또 이어져요."

풍경이다.

"난 원래 도안동 살았는데, 개발한다고 쫓겨나서 이리로 왔지요. 빈집이 많고 골목이 좁아 볕이 많이 들지 않는 것 빼놓고는 살기 정말 좋아요. 옛날 대전고등학교에 다른 지역에서 온 학생이 많이 다닐 때는 여기서 다 하숙하고 자취했다고 하더라고요. 근데, 지금은 빈집이 많아요."

윤영자 할머니는 화분에 흙을 채워 토닥토닥거리며 이야기를 풀어냈다. 한때, 자취 하숙하던 까까머리 중, 고등학생들로 골목이 가득했을 걸 상상하니 슬며시 웃음이 난다.

이 좁은 골목길에서 또 '김갑순'을 만났다. 이곳도 본래 그이의 땅이었는데 시에서 사들여 시민에게 분양했다고 한다.

평화로운 주택단지 아직도

대전중학교 정문 쪽으로 난 길을 따라 골목을 빠져나왔다. 학교 옆에는 으레 있어야 하는 떡볶이와 라면, 김밥 등을 파는 분식집이 구색을 갖추고 문구점도 하나 있다. 문구점 자체는 역사가 오래되었으나 주인아저씨가 인수해 운영한 지는 10년 남짓이어서 많은 이야기를 들을 수 없었다.

학교 안은 고요했다. 운동장은 텅 비었다. 조금 떨어진 곳에서 대전고등학교 야구부 선수들이 열심히 훈련하며 내지르는 고함만 들려온다. 운동장 가에서 바라보는 동쪽 풍경이 제법 좋다. 파란 하늘에 구름까지 얹혀 시원한 청량감을 준다. 비 내린 지 얼마 지나지 않아 더 그랬나 보다.

동사무소 앞에 멈췄다가 길을 건넜다. 이곳은 '대흥2구역'이라 부르는 곳이다. 대흥초등학교 주변이다. 큰길가에서 홍 씨 할아버지를 만났다. 건강원과 음

이제 막다른 골목인가 보다 생각했을 때 방향을 급히 틀어 새로운 곳으로 내달리는 골목.
태양 아래 바짝 마른 운동화와 건물 지붕 사이로 보이는 조각하늘.
명상 음악이라도 흘러나오는 것처럼 발길을 붙드는 풍경이다.

료수, 문구, 도장까지 복합 매장을 운영하고 있었다. 그러나 그중 제대로 팔리는 것은 하나도 없다고 한숨이다. 본래 가게 시작은 건강원으로 했으나 벌이가 시원찮아 음료수와 문구로 확장하고 다시 도장까지 파기 시작했는데 말이다.

"아이고 재개발이 다 좋은 게 아니여. 대흥2구역은 언제 될지도 몰라. 포기한 거 같기도 하고, 어차피 헐릴 거니까 그냥 두고 살던 사람 중에서 요즘 집 고치는 사람도 많더라고. 재개발 얘기 나오고 저 아파트 다 지을 때까지 계산하면 근 10년인데, 아이고 동네가 말도 아니지."

걱정하는 홍 씨 할아버지를 뒤로하고 골목에 들어섰다. 대전중학교 담벼락에 붙어 있는 골목보다는 훨씬 넓다. 동네는 세월을 그대로 이고 있다. 주택재개발사업에 대한 기대 때문이었는지, 근대 건축양식을 간직한 집도 꽤 많이 남았다. 걷기 즐거운 골목이다. 홍 씨 할아버지 말대로 골목 안에 주택 수리가 한

창인 집도 눈에 띈다. 늘어지는 재개발 사업에 지친 모양이다.

집마다 심어 둔 가로수와 골목을 마주하고 늘어선 오래된 주택이 인상적이다. 골목을 따라 이리저리 발길 따라 걸으니 대흥초등학교 정문 앞이다. 그곳에서 44년 된 태창문구를 만났다.

40년 훌쩍 넘긴 태창문구 아직도

"쉰 살 먹은 아들이 학교 들어가기 전에 시작했으니, 40년이 훌쩍 넘었네. 옛날에는 가게를 세 명이서 봐도 복잡해 손이 딸렸는데, 지금은 나 혼자 그냥 재미 삼아 해요."

일흔여덟이지만 피부도 곱고 정정해 보이는 주인 할머니는 이름도 안 알려주고 사진 찍기도 완강하게 거부했다. 태창문구는 학교 정문 앞에서 두 개 골목이 나뉘는 그 꼭짓점 부분에 있다. 가게는 그 세월을 말해 주듯 내장재와 구조가 향수를 자극한다. 장사가 잘될 때는 대흥초등학교 앞에 온통 문구점이었지만 지금은 태창문구 딱 하나만 남았다. 대흥초등학교에 학생이 한참 많았을 때는 3천~4천 명이었는데 지금은 그것에 10분의 1 수준이다. 그나마 줄고 있다.

"내가 문 닫고 어디 가면 동네 사람이 이상하대. 허전한 것이 구색도 안 맞는 것 같고."

이야기를 나누는 사이에도 동네 개구쟁이들이 수시로 들락거린다. 한 개에 몇 백 원 하는 소포장 과자를 손에 쥐고 주인 할머니에게 돈을 건넨다. 주인 할머니는 막대기 끝에 매달아 놓은 플라스틱 바구니에 돈을 받는다. 거스름돈도 담아 건넨다. 도구는 필요에 의해 창조하는 것이 정말 맞다.

"지금 나이가 쉰 살이 다 되어서 오는 단골이 있어요. 어렸을 적 얼굴이 남아 있으면 이름을 불러 주지요. 그럼 깜짝 놀라요."

"옛날 학생 많을 때, 등하교 시간이면 골목에서 쏟아져 나오는 아이들로 어질어질할 정도였는데…."

돈을 주고 받는 바구니.

하긴, 6년을 들락거렸으니 꼬마 단골손님과 오죽 유대가 있었을까? 이야기를 나누는 사이 태창문구를 찾는 아이들과 나누는 이야기 수준도 꽤 깊다. 시험공부부터 학원 이야기까지. 손자와 대화를 나누는 할머니 모습이다. 태창문구를 나서며 과자 봉지를 그냥 길바닥에 버리는 아이에게는 '호통'을 친다. 무릎 아프기 전에는 가게 앞은 물론이고 교문 앞까지 청소해 주었는데, 지금은 그렇게까지는 못 한다. 그놈의 무릎 때문이다.

"옛날 학생 많을 때, 등하교 시간이면 골목에서 쏟아져 나오는 아이들로 어질어질할 정도였는데…."

대흥초등학교 교문에 서 있는 느티나무 잎사귀가 햇볕을 받으며 연둣빛을 반짝인다. 참 곱다.

2011년 5월 49호

대전 중구 대흥동

수도산에서 보문산으로 이어지는
등성이에 올라앉은 마을

대흥동 수도산 남쪽 마을

수도산에서 보문산으로 이어지는 등성이에 올라앉은 마을

자동차로 꽉 막힌 테미고개를 넘어가려면 항상 오른쪽과 왼쪽 마을에 눈길이 가곤 했다. 고개라는 말이 얘기해 주듯 예전에는 보문산에서 테미공원으로 이어지는 등성이에 온통 나무가 빽빽했을 터고 그중 가장 야트막한 부분이 고개가 되었을 것이다.

지금은 그 등성이에 모두 집이 들어차 있다. 대도시 집중 현상이 한창 가속화될 때 형성된 산동네와 비슷한 이미지다. 우선 테미도서관으로 올라갔다. 무척 더운 토요일 오후였다.

테미도서관은 낯설지 모르겠지만 '대전시립도서관'이라고 하면 과거의 추억

작은 규모의 테미공원은 거닐기 좋은 산책로가 있다.
이 공원은 수도산이라고 부르는데, 울타리가 쳐진 쪽문을 지나면 작은 마을을 만난다.

테미도서관.

테미공원 입구.

테미고개에서 수도산 남쪽 기슭 마을로 올라서는 계단.

이 떠오를지 모르겠다. 주변에 물어보니 학창 시절 시립도서관에 추억을 흘려둔 사람이 무척 많았다.

테미도서관으로 이름을 바꾼 시립도서관은 대고 오거리와 보문 오거리로 이어지는 도로 중간쯤에서 테미공원 쪽으로 난 골목을 올라가면 만날 수 있다.

1961년 지금은 없어진 시립연정국악연구원 자리에서 우남도서관으로 출발하여 중구청사에서 시립도서관으로 이름을 바꿔 개관했다가 1979년 현재 위치로 신축해 옮겼다. 지금 자리에 문을 연 지도 조금 있으면 30년이다. 오랜 역사다. 여느 도서관처럼 열람실과 정보검색실 등을 갖추고 있다. 건물에 대한 첫인상은 '오래전 고등학교 건물'이다. 외관은 독특한 느낌으로 처리했다. 리모델링을 하거나 새롭게 신축한 최신식 도서관 건물과 비교하면 많이 달랐지만 과거로 여행이라도 떠난 것처럼 향수를 자극한다.

그렇게 오래된 건축물이지만 도서관을 찾는 사람은 여전히 많았다. 폭염주의보가 내려진 무더운 여름 오후를 도서관에서 보내는 것도 좋은 피서법인 모양이다. 다양한 연령대의 사람이 도서관에 모여 책도 읽고 신문도 보고 있었다.

"외관은 달라진 게 없는데 안에 시설은 훨씬 좋아진 것 같아요. 중학교 다닐 때 여기에 와서 책도 보고 친구들과 놀던 생각이 나는데요."

대전여중에 다닐 때 자주 도서관을 이용하다 오랜만에 다시 왔다는 한 이용객의 얘기다. 주차장 등이 있는 외부에는 별도의 휴게실도 설치했다.

배수지 있어 수도산

시립도서관 뒤편이 테미공원이다. 곳곳에 벚꽃이 만개할 때 테미공원에도 흐드러지게 핀다. 산 전체가 벚꽃으로 뒤덮이면서 둥근 형태의 독특한 모양새를 보여 주고 축제도 열린다.

 공원에 꽃이 벚꽃만 있는 것은 아니다. 8월 말 공원을 찾았을 때 맥문동이 보랏빛 꽃을 예쁘게 피우고 있었다. 그늘에서도 잘 자란다는 맥문동은 관리사무소 측에서 일부러 식재해 놓은 듯싶다.

 테미공원은 1955년 11월 음용수 보안시설로 지정해 시민의 출입이 제한되어 있었다. 그 후 1995년 개방해 지금과 같이 도심 속 공원으로 시민이 찾을 수 있게 했다. 작은 규모의 공원에는 거닐기 좋은 산책로가 있다. 산책로에는 왜 그랬는지 모르겠지만 정말 다양한 기념비가 세워져 있다. 시민헌장비, 어린이헌장비, 국민교육헌장비 등. 과거에는 대전시에서 중요하게 여긴 공간이었나 보다. 선풍기 바람에도 더위를 어찌하지 못한 인근의 주민이 벤치와 팔각정에 나와 있다.

 "옛날에는 여기를 수도산이라고도 불렀어요. 여기에 배수지가 있어서 그런 것 같아요. 지금은 그냥 테미공원이라고 부르죠."

한 인근 주민의 말처럼 수도산이라는 지명은 아직도 곳곳에서 확인할 수 있었다. 문헌에 따르면 테미라는 마을은 지금의 성모병원 부근을 가리킨다. '테'라는 단어는 백제어로 연결된다는 의미가 있고 따라서 테미는 테뫼, 즉 연결된 산을 의미한다는 얘기도 있다. 반면 퇴미라 해 옥토망월형玉兎望月形의 명당자리여서 붙은 이름이라고도 한다. 토미짜尾가 퇴미가 되었다는 얘기다. 아니면 '테'가 쓰인 다른 지명에서 둥글다는 뜻이 확인되는 것으로 볼 때 둥근 산이라는 설명도 있다. 아무튼, 대전향토사료관의 설명에 따르면 '퇴뫼-테메-테미'로 음운 변화가 이루어졌을 것이라 한다.

수도산이라 부르는 테미공원의 남쪽에는 작은 울타리가 둘러쳐 있고 그곳에 쪽문이 있다. 그곳으로 나가면 조그만 마을을 만난다. 테미고개에서 볼 수 있는 마을이다. 마을엔 자전거 하나 바듯이 지나갈 작은 골목길을 두고 집이 빼곡히 들어찼다. 그 마을이 수도산에서 보문산으로 이어지는 등성이에 올라앉은 마을이다.

무궁화 경로당 문 닫고

쪽문을 나서 동쪽으로 난 골목을 따라가니 테미고개에 접한 곳에 다다른다. 그곳엔 버려진 2층 건물이 있다. 널찍하게 잘 지어 놓은 건물이다. 현판에는 '대전직할시 중구지회 부설 사단법인 노인교실'이라고 적혀 있다. 마을에서는 '무궁화 경로당'이라고 불리는 곳이다.

규모가 꽤 크다. 테미고개 길을 넓히기 위해 수용되었다고 한다. 조금 있으면 헐릴 건물이다. 올해 봄쯤 이사 갔다는데 창문은 모두 깨지고 방치된 빈집에서 흔히 발견할 수 있는 똥과 성적 낙서도 확인할 수 있었다. 하지만, 할머

무궁화 경로당 건물과 그 흔적들.

니 할아버지들이 그곳을 어떻게 사용했는지 짐작할 만한 많은 것이 아직 남아 있었다.

대한노인회 최병선 씨가 권이혁 문교부장관에게 1984년 받은 표창장을 비롯해 벽에 남아 있는 행사 사진, 더는 사용할 수 없는 풍물, 각종 현판까지. 그중에는 무궁화할머니노인회 현판도 있었다. 이 현판이 재밌었다. 처음 보았을 때는 몰랐는데 현판을 제작하다 실수한 것 옆에 최종적으로 완성한 것이 함께 버려졌다. 실패한 현판은 공간 비율을 잘못 맞춰 '무궁화할머니노인'까지밖에는 쓰지 못했다. 지금처럼 전문 업체에 맡긴 것이 아니라 붓글씨 좀 쓴다는 할아버지가 먹물로 나무판에 직접 글을 썼는가 보다. 호기롭게 붓을 잡았다가 잘못 쓴 할아버지는 아마도 동료에게 면박 좀 받았을 것이다. 상상하니 슬며시 웃음이 난다. 그 현판을 통해 주민들이 왜 무궁화 경로당이라 부르는지 알 수 있을 것 같았다. 공식 명칭이 그러했다.

그 건물 옥상에 올라서니 테미공원이 있는 북쪽을 빼고 나머지 풍경이 시원하게 들어온다.

그 옥상도 그냥 옥상으로 내버려 두지 않았다. 정자를 하나 세워 두었는데 이게 또 재밌다. 콘크리트와 양철 등 참 다양한 재료가 혼합되어 있다. 그곳에 앉아 부채질하며 대전 시가지를 내려다보면서 장기 한판 두었을 할아버지들 모습이 떠오른다. 2층에 옥상 하나 가지고 있는 건물일 뿐인데 한참을 둘러보았다.

옛날엔 사람 정말 많았는데

버려진 건물에서는 테미고개로 내려갈 수 있는 가파른 계단이 있다. 그 계단으로 내려가는 대신 다시 마을 중심으로 돌아왔다. 예전 건물이 있다가 지금은 없어진 손바닥만 한 공간에는 호박을 비롯한 각종 채소를 심어 두었다. 주민들 말에 따르면 테미고개는 곧 도로 확장 공사를 시작할 것이고 테미공원 쪽 마을 골목길에는 소방도로가 날 모양이다.

그렇게 길이 넓어지면 마을은 지금보다 훨씬 쪼그라들다 어느 순간 휑하니 사라질지도 모를 일이다. 마을에서 빠져나와 옛날 테미시장 터를 찾아갔다. 테미 삼거리에서 오른쪽으로 돌아나가는 길이다. 길가 건물엔 온통 '임대' 홍보지가 붙어 있다. 가게가 잘 안 되고 잘 나가지도 않는 모양이다.

1980년 문을 연 '한일 슈퍼'에 들어가 목을 축이며 옛이야기를 들었다.

지금은 없어진 테미시장 터에는 아파트가 들어서 있었다. 문헌에 따르면 테미시장 터에는 테미방죽이라 부르는 큰 방죽이 있었다고 한다. 그 뒤편을 그래서 뒷방죽골이라 불렀다고 하는데 현지에서 확인할 수는 없었다.

한일슈퍼 강석윤 할머니.

"지금은 사람이 없어. 대신초등학교 한 반에 몇 명 되지도 않는가 봐. 사람들이 더 좋은 데 찾아서 이사 가 그렇지 뭐. 지금도 의대가 남아 있기는 하지만 옛날에 충대 있을 때는 사람 정말 많았어."

한일슈퍼 강석윤(68) 할머니는 80년대 장사가 무척 잘돼 하루에 매상이 100만 원씩 오를 때도 있었다고 회상했다. 그 돈으로 5남매 모두 대학을 보냈는데 지금은 하루 용돈 벌기도 벅차다고 한다.

대흥동은 1963년 1, 2, 3동으로 나누었다가 1998년 다시 대흥동으로 통합했다. 그 즈음이 쇠락의 정점이 아니었을까 싶다. 한일슈퍼 길 건너로 다시 테미공원에 올랐다. 처음에 보지 못한 테미도서관 정문 앞 수도상회 간판이 도드라지게 보인다.

사진 점필정　　　　　　　　　　　　　　　　　　　　　2007년 9월 5호

대전 중구 대흥동

젊은 거리로
늘 북적였던 대전극장통

대흥동 대전극장 주변

젊은 거리로
늘 북적였던 대전극장통

'통'이라는 말에 궁금증이 일었다. 대단한 건 아니지만 그래도 궁금했다. 국어사전에 '통'이라는 낱말의 설명이 많이 있었다. 다만, 마음에 드는 해설을 구하지 못했다. 대국어사전에는 나올지도 모르겠다.

그래서 흔히 사용하는 '본정통本町通'이라는 말에서 접근을 시작했다. 예상한 대로 일제 강점기에 사용했던 말이다. '혼마치'라고 부른다는데 도시의 중앙에 있어 중심이 되는 거리라는 뜻으로 사용했다고 한다. 일제 강점기 도심 상태로 있었던 곳엔 으레 '본정통'이 하나씩 있게 마련이고 아직도 그때 부르던 이름이 입에 붙어 그대로, 혹은 혼용해서 사용하는 모양이다. 옛 대전극장 앞길도 한

최근까지 거리에 활력을 불어넣었던 옛 대전극장.
옛 대전극장 건물은 압류가 들어간 상태였다. 길에서 계단을 밟아 지하로 내려가도록 설계된 곳에는
매표소가 여전히 그대로 있었고 그 한쪽에는 대전극장이 마지막에 상영을 했거나
아니면 상영을 하려 한 영화 포스터가 생생한 모습 그대로 걸려 있다.

대전극장통 주변. 차 없는 거리로 지정된 극장길은 시간이 멈추어 버린 듯한 느낌이었다.

때는 대전의 본정통이었다고 한다. 그래 아직도 '대전극장통'이라는 이름으로 부르는지 모르겠다.

옛 대전극장을 중심 블록으로 모두 아홉 개(3×3 블록) 블록으로 구성된 지역이 이번 대전여지도 답사 지역이다. 구불구불한 시골이나 산으로 경계가 구분되는 외곽의 자연마을과 달리 북쪽으로는 으능정이, 동쪽으로는 대전천과 접해 있다. 지금 옛 대전극장을 중심으로 한 아홉 개 블록은 그 상태로 '추억'이 돼 버렸다.

최근까지 거리에 활력을 불어넣었던 옛 대전극장이 문을 닫으면서 시간도 함께 정지해 버린 듯하다. 옛 대전극장 건물은 압류가 들어간 상태였다. 길에서 계단을 밟아 지하로 내려가도록 설계된 곳에는 매표소가 여전히 그대로 있었고 그 한쪽에는 대전극장이 마지막에 상영을 했거나 아니면 상영을 하려 한 영화 포스터가 생생한 모습 그대로 걸려 있다.

〈S다이어리〉와 〈썸〉, 〈우리형〉이었다. 모두 2004년 10월 개봉했던 영화다. 대전극장의 마지막 즈음을 유추해 볼 수 있다. 대전극장과 함께 극장통의 부흥을 이끌었던 서라벌극장 역시 지금은 모텔로 바뀌었다.

추억을 간직한 채 멈춰선 동네

대전극장 주변을 둘레둘레 걷다 보면 영화 세트장을 걷고 있는 듯한 착각에 빠진다. 대전에 살고 있는 사람으로 대전극장 일대에 대한 기억이 머릿속에 고스란히 남아 있다면 그 인지부조화 현상은 더 강렬하게 나타날 수 있다. 그 어울리지 않는 고요함.

그나마 간혹 만나는, 옛 추억을 간직한 채 고스란히 남아 있는 식당은 내 기억이 '현실'이었음을 강력하게 항변한다. '이수락'이 대표적인 예다. 23년째 그 자리를 지키고 있는 대흥 1호점 이수락. 지금 주인은 김승환(52) 씨다. 이수락 체인을 했던 창업자와는 친구 사이라고 한다. 체인의 상징적 업소였던 대전극장 옆 이수락을 그 창업자 친구들이 계속 이어 가며 지키고 있다. 큼직한 놋쇠 그릇에 담아 내놓던 비빔밥도 그대로고 묵직한 놋쇠 수저도 여전하다.

"이 건물은 한 40~50년 됐을 거예요. 이수락도 이제는 장사가 예전 같지 않죠. 간혹 찾아와서 '아직도 (장사를) 하고 있느냐'라고 놀라는 사람들이 종종 있죠."

이수락 2층에 있던 힙합클럽도 8월 말까지 하고 문을 닫았단다. 호프와 커피숍 등 다양한 업종이 새롭게 둥지를 틀지만 그리 오래 버티지 못하고 현실에 무릎을 꿇었다고 한다.

대전극장 인근에서 오래된 건물을 발견하는 것이 그리 어렵지는 않았다. 지금은 문을 닫은 것으로 보이는 고속공인중개사 간판이 걸려 있는 건물은 상단 부분을 독특하게 처리한 것이 특색 있다. '1자'를 여러 개 늘어놓은 독특한 문양도 눈에 보이는데 인근 주민의 증언을 들어보면 일제 강점기에 들어선 건물이란다. 공식 기록을 확인하지는 못했다.

극장은 사라져도 영화사는 하나 있네

대전극장 블록에는 없는 게 없었다. 주택가가 아님에도 '77세탁소'를 모퉁이에서 발견했다. 간판으로 유추해 보면 꽤 오래돼 보인다. 도화장 여관 길 건너다. 그곳에서 박찬서(30) 씨를 만났다. 어머니가 하는 가게인데 제주도에서 하던 일이 잠깐 끝난 상황이어서 대전에 돌아와 가게를 지키는 중이라고 한다.

"열아홉 살 때까지 저도 이 동네에서 살았어요. 그때는 피자헛도 있었고 극

장도 정상적으로 잘 운영될 때였죠. 지금은 너무 많이 변했어요. 그만큼 손님도 없고 장사도 안 된다는 얘기겠죠."

그 세탁소 골목에서 다운타운 영화사와 광제한의원을 만났다. 다운타운 영화사는 영화 배급사라는데 취재 중에 만났던 동화극장 심종순 대표의 얘기가 생각났다. "옛날에는 대전극장통에 영화사가 열댓 개도 더 됐어." 하지만, 지금은 다운타운 영화사 하나였다. 그래도 극장가로 유명했던 그곳에 아직 간판을 걸고 있는 영화사를 보니 괜히 반갑다.

그 맞은편에는 광제한의원이 있었다. 문이 굳게 닫힌 걸로 봐서 더는 영업을 하지 않는 모양이다. 그 앞을 어슬렁거리다가 최근까지 인근에서 직장생활을 했다는 행인을 만났다.

"저 한의원도 한 40년은 됐을 거야. 처음부터 한의원 하려고 지은 건물로 알고 있는데 정확히는 모르지만 문 닫은 지 꽤 됐어. 골목 다녀 보면 옛날 생각나

는 데 많을 거야."

　우리 일행을 추억을 찾아 산책 나온 사람 정도로 생각했는가 보다.

　모퉁이에 있는 도화장 여관에서 북쪽으로는 큰길을 따라 식당이 쭉 늘어서 있는데 대부분 고깃집이었다. 돼지방, 돈지몽, 웃으면 돼지, 신개념 고기부페, 한약먹은 생삼겹 등 그 이름도 독특했다. 돼지고기 골목이라고 해도 괜찮을 정도였다.

주방용품과 맛집, 활력 유지

　광제한의원뿐만 아니라 치과와 이비인후과 신경정신과까지 다양한 병원과 한의원을 대전극장 주변에서 볼 수 있었다. 그중 붉은 벽돌로 지은 대전신경정신과의원은 한때 명성이 대단해 주변이 늘 사람으로 북적였다고 한다. 대전극장과 대각선 맞은편에 있다. 그 옆으로는 송도제재소 자리가 있다. 북쪽이 고향인 사람이 경영을 했었다고 하는데 지금은 운영을 하지 않는다. 대문 옆에 오동나무 한 그루가 처연하게 자라고. 그 터는 인근 가구점에서 창고로 사용하는 모양이다. 그 제재소 역시 일제 강점기에 시설이 들어섰고 사람도 많이 드나들던 곳이란다.

　대전천변 쪽에 붙어 있는 블록은 중고와 신품 가구 판매점으로 특화되었다. 주방용품도 많았고 카페나 커피숍 등에서 찾을 것으로 보이는 인테리어 소품점도 군데군데 있다. 동종업종 간 모임이 구성되어 있는 모양인데 이야기를 들을 만한 사람을 찾는 것이 그리 녹록지 않았다.

　그나마 그 가구점들이 대전극장 골목에 활력을 조금씩 불어넣고 있는 모양이다. 그와 함께 전통적으로 '대전의 맛집'이라 소문난 '대전갈비'와 '소나무집', '평양면옥'이 건재했다. 대전갈비는 저렴하고 기본에 충실한 갈비 맛으로 유명하고 매콤한 오징어칼국수를 자랑하는 소나무집은 여전히 찾는 이가 많다. 평양면옥도 여름이면 시원한 냉면을 찾는 이들이 잊지 않고 들르는데 주로 전통적인 맛에 익숙한 노년층에 인기가 좋은 모양이다.

가구점과 미식가들이 잊지 않고 찾아 주는 맛집마저 없다면 대전극장 골목은 정말로 텅 비어 버릴지도 모르겠다. 큰길가는 사정이 좀 나은 것 같았지만 블록 안쪽은 심각했다.

1980년대 후반 이미 쇠락의 갈림길에

그나마 토박이 몇이 여전히 그곳에서 살고 있어 옛 대전극장 주변 모습에 관한 설명을 들을 수 있었다. 큰길가에서 어머니슈퍼를 하고 있는 조병우(70) 씨도 그중 한 명이었다.

"대전극장 자리는 일제 강점기 때부터 극장이었어. 그때는 이름이 아마 경신관이었지. 그리고 지붕 모양이 이상하다는 그 건물 부근에는 '부전호 잠바'라는 공장이 있었지. 그 잠바가 꽤 유명했어. 전국으로 팔려 나갔으니까."

조 씨 할아버지는 대전극장 주변이 쇠락의 길을 걷기 시작한 시간을 좀 더 끌어올렸다. 대전극장이 문을 닫기 전인 인동현대아파트가 들어설 때로 그 시점을 보았다. 대전극장 블록에서 남쪽으로 들어선 그 아파트를 말한다. 그 자리에 도립의료원이 있었고 그것이 다시 충남대학교병원이 되었는데 그때만 해도 대전극장 주변이 사람들끼리 어깨가 닿아 걷기도 힘들 정도였다고 한다.

충남대학교병원에서 찾은 연혁에 따르면 충남도립의료원이 충남대학교의과대학 부속병원으로 이관된 것이 1971년이고 중구 대사동으로 이전·개원한 것이 1984년이다. 인동현대아파트 사업승인은 1986년에 났고 사용검사는 1987년과 1989년이었다.

송도제재소가 있던 자리.
대문 옆에 오동나무 한 그루가 처연하게 자라고 있고 그 터는 인근 가구점에서 창고로 사용하는 모양이다.
이 제재소 역시 일제 강점기에 시설이 들어섰고 사람도 많이 드나들던 곳이란다.

이 지역에 꽤 오래 살고 있다는 어머니 슈퍼 주인 할아버지를 통해 대전극장통에 대한 이야기를 많이 들을 수 있었다.

"대전극장 앞길이 일본놈들이 아마 제일 먼저 포장한 길일 거야. 동화극장 뒷길하고. 이 길이 삼성초등학교 앞으로 죽 이어지는 본정통이었지. 그런데 현대아파트가 들어서면서 바람의 흐름을 꽉 막아 놓으니까 여기가 이렇게 쪼그라든 거야. 기라는 게 그런 거지."

한때 젊은이들의 대표적인 거리로 늘 북적거렸던 대전극장 블록이 추억만 간직한 채 멈춰 선 원인은 쉽게 찾아낼 수 있었다. 이제 남은 것은 여기를 어떻게 할 것이냐의 문제다. 그냥 내버려 두기엔 쌓여 있는 세월과 추억의 두께가 너무 두껍다.

사진 점필정　　　　　　　　　　　　　　　　　　　　　2007년 10월 6호

대전 중구 대흥동

옛 대흥동의 정취를 찾아 헤매다

대흥동 옛 중구청 주변

옛 대흥동의 정취를 찾아 헤매다

　대흥동은 은행동 등 대전역을 중심으로 한 몇 곳과 함께 원도심이라 부른다. 둔산동과 탄방동, 노은동 등 최근 새롭게 개발된 신도심과 구별해 부르는 말이다. '도심'이 아닌 '원도심'이기에 낱말 자체에서 오래되었다는 느낌을 받는다. 이런 점 때문인지 '원도심'이라는 말에서는 약간의 감성적인 향수도 폴폴 풍겨 나온다.

　답사 지역으로 설정한 옛 중구청을 중심으로 한 주변 지역은 현재 식당과 술집, 커피숍 등이 주를 이루는 상권을 형성하고 있다. 인근 은행동과 달리 상권이 집중되어 있는 범위가 좁고 점포의 다양성이 떨어지는 편이다. "살 것은 없

옛날 주거지였던 시절의 대흥동 주택 모습을 가늠케 해 주는 오래된 집을 골목에서 만났다.

옛 중구청 자리에는 공원과 주차장이 들어선다.

우남도서관이 있던 자리. 도서관은 사라지고 휑뎅그렁한 주차장이 되었다.

고 먹을 것만 많은 곳"이라고 한 상인의 말도 이런 점에서 틀리지 않다.

활성화를 이야기할 만큼 과거에 비해 덜 붐비는 것은 사실이지만 앞서 답사한 대전극장통 주변처럼 심각한 정도는 아니다. 여전히 특정 요일과 시간대에는 많은 사람으로 북적인다. 이곳을 찾는 연령대도 20~30대로 젊어, 제법 활기차기까지 하다.

최근에는 중구청이 이 일대(답사 지역보다는 좀 더 넓게)를 문화의 거리로 지정하고 다양한 활성화 정책을 펼치고 있다. 전선을 땅속에 묻고 시커먼 아스팔트에도 문양과 함께 알록달록한 색을 입히기 시작했다. 옛 중구청 터에 있던 주차장은 지하화하고 지상은 광장과 상설무대를 갖춘 문화 공간으로 만들기 위해 공사 중이다. 이르면 10월쯤 대략적인 모습을 드러내고 연말이면 광장과 지상 공원, 상설무대 등을 이용할 수 있을 것으로 보인다.

이 같은 사업 추진에 발 맞춰 많은 문화예술인과 단체, 문화예술 공간이 구색을 갖춰 자리 잡아 주길 희망하지만 아직 평가할 만한 집중화는 이뤄지지 않고 있다.

"예술인들이 들어와 활동을 하면서 흔적을 남겨 주길 희망합니다. 다른 곳과는 차별화된 곳이 되어야죠. 이를 위해서 건물주와 상인들이 노력해야 할 점이 많다는 것을 잘 알고 있습니다. 문화·예술 테마거리가 되도록 노력할 겁니다."

대흥동상가번영회 이태호 회장의 얘기다. 중구청의 최근 노력과 이 회장의 말을 종합해 보면 향후 대흥동이 어떤 목표점을 갖고 발전 방향을 모색할지는 대략 가늠이 된다.

주거 지역에서 상업 지역으로

대흥동을 '원도심'이라고 얘기를 하니 무척 오래된 것처럼 느껴지지만 실상 본격적인 상업화가 막 시작되었던 시점으로 돌아간다면 멀리 잡아도 30년이 채 안 될 것이다. 1980년을 중심으로 이쪽저쪽이다. 그 전에는 대흥동도 다른 지역과 마찬가지로 평범한 주거 지역이었다.

지금과 같은 상업 지역으로 변모했던 그 출발점은 여관이었다. 1970년대를 전후해 이곳은 많은 여관과 여인숙이 들어서기 시작했단다.

"그 당시에 묘향여관, 병산여관, 신신여관이 유명했었죠. 여관을 지금 모텔처럼 생각하면 안 돼요. 그때는 여관에 주방이 있어서 밥도 해 줬어요. 특히 동양화 그리는 분들이 여관 단골 중에 많았지요."

지금 대흥동에서 '쌍리'라는 커피숍을 운영하는 라경원 사장의 얘기다. 대전이 전국의 중심에 위치해 있다는 점. 교통편이 지금처럼 편하지 않았다는 점. 대흥동이 대전역과 멀지 않고 충남도청, 대전시청, 대전 중구청, 대전법원 등 주요 관공서와 인접해 있다는 점도 여관이 많이 들어섰던 한 요인이었을 게다.

여관이 많았던 시기를 지나 1980년대에 접어들면서 커피숍 문화가 이곳에 자리 잡기 시작했고 지금은 바(BAR)와 삽겹살(퓨전 포함), 맥주 전문점 등이 들어서기 시작했다.

주거 지역에서 사람이 많이 모이는 상업 지역으로 변모하는 과정에서 많은 것이 사라졌다. 과거의 모습을 유추해 볼 수 있는 건물을 찾아보기가 쉽지 않다. 역사의 흐름이 한눈에 읽히지 않고 단절된 느낌으로 다가오는 것도 이 때문이다.

중교로 플라타너스칼.

대흥동 거리 모습.   옛날 교회 건물인 마야성 카파숍.

대흥동 터줏대감 격인 대흥동 성당.

옛 중구청 터에는 우남도서관이 있었다. 이승만의 80세 생일을 기념해 지은 도서관이었다. 그 앞에 중구청이 사용했던 건물에는 시립도서관도 있었다. 지금은 두 건물 모두 사라진 상태고 여전히 남아 있는 건물은 '대흥동 성당' 정도다. 그 외에는 마이셀 커피숍 건물(옛날에 교회였다고 한다)과 그 옆 의사회관이 좀 오래된 건물 축에 든다. 옛 중구청 터에서 남쪽으로 도로 끝 쪽에 있는 개인주택도 옛 모습을 간직하고 있지만 담장 높은 개인주택이어서 살피는 것이 쉽지 않다.

골목 구석엔 옛 모습 남아

옛날 골목 몇 군데에 그나마 옛 흔적의 자취를 찾아볼 수 있는 것이 다행이라면 다행이다. 대흥동성당 뒤편 골목도 그중 한 곳이다. 닭볶음으로 유명한 그 골목에는 '정식당'뿐만 아니라 '현대식당'이 있다. 현대식당 주인아주머니가 태어나서 자란 곳이라니 50년은 족히 넘었다. 식당의 작은 방문과 구들 때문인지 건물 바닥보다 꽤 높여 들인 방이 어릴 적 흔히 보았던 그 모습이다. 뜰이 있는 곳으로 들어서면 ㄱ자 벽돌집에 나중에 지은 것으로 보이는 아래채와 좁은 곳을 활용한 마당도 보인다. 거주하던 주택을 그대로 식당으로 만들어 옛 모습이 남아 있는 경우다.

"옛날에는 그냥 조용한 동네였죠. 잘사는 사람들도 많았고요. 뭐 특별한 것은 없었어요."

저녁 손님 맞을 준비에 정신이 없는 김정자(50) 씨가 걸레질을 하고 있는 방이 유난히 정감 어리다.

옛 대흥동의 정취를 찾아 헤매던 중 만난 로마나이트(과거 나사) 뒤편의 개인주택은 미소를 짓게 만들었다. 그 앞을 몇 차례 지나갔는데 왜 보지 못했는지가 신기할 따름이다.

　주변의 위압적인 건물에 시선이 눌린 탓인 게다. 옛 중구청 터에서 서남쪽 골목으로 들어서면 오른쪽으로 막다른 골목이 나타난다. 그 골목 끝 즈음에 개인주택 지붕의 처마가 보였다. 한눈에 보아도 오래전부터 그곳에 그렇게 있었던 건물이라는 걸 알 수 있었다.

　24년 전에 이사를 왔다는 지충일(65) 씨는 대전중학교를 나오고 어릴 적 대림빌딩 옆에서 살았던 대흥동 토박이였다.

　"한 1940~50년 사이에 지은 건물일 거야. 이 근처가 1960년대에는 그냥 야산 밭이었지. 뭐 별거 없었어. 20여 년 전만 해도 주변에 이 집하고 비슷한 모양새의 집들이 몇 채 있었지. 지금은 다 뜯고 저렇게 높은 건물을 지었지만."

　작고 겸손한 대문을 열고 들어서면 바로 왼쪽에 지금은 사용하지 않는 현관문이 있었다. 담을 따라 집 안쪽으로 난 작고 짧은 골목을 들어서면 마당이 나오고 마루 앞에 툇돌과 유리문을 덧댄 소박한 마루도 볼 수 있다.

　"뭐 불편한 건 없어. 그냥 사방으로 꽉 막혀서 조금 답답할 뿐이지."

　집에는 그리 손을 댄 흔적이 보이지 않는다. 모서리 부분 처마 끝이 하늘로 향해 솟아오른 것이 신기하다. 마당 한쪽에는 집주인이 20여 년 전에 만들었다는 역기 받침대와 무쇠 아령도 몇 개 보인다. 사방으로 우뚝 솟아 집을 포위한 건물들 틈에서 용케 버티고 있는 집이 안쓰러우면서도 대견하다.

독특한 색깔과 개성으로 남아 있길

　　　　　　　　　　　　　　　　　마당에 서 있는 동안 순식간에 시계바늘이 30~40년을 훌쩍 뒤로 간 기분이다. 과거 어느 시점 대흥동에는 이런 건물이 주를 이룬 주택지였을 것이다. 집주인 지 씨 할아버지는 그때를 상

오래된 집 기둥에 붙어 있는 옛 주소 명판.

상할 수 있는 단초를 준 그 집을 보며 호들갑 떠는 낯선이가 도무지 이해 안 되는 눈치다. 그래도 이것저것 묻는 말에 무뚝뚝하게 대답은 다 해 준다. 어릴 적 옆집 아저씨와 꼭 닮았다.

돌아 나오는 길에 들어서면서는 미처 보지 못했던 처마 밑 제비 집을 보았다. 주택만큼이나 오래된 제비집이었다.

"한 3년 전인가 마지막으로 날아오곤 그 뒤로 안 오더라고…."

골목을 빠져나오는 길, 자꾸 뒤를 돌아보게 된다.

2008년 9월 17호

대전 중구 선화동

선화동에 서면 대전이 보인다

선화동

선화동에 서면 대전이 보인다

 선화동에 오르는 길은 계단이다. 일상생활에서 쉽게 볼 수 없는 층을 이룬 계단. 마을을 비교적 계획적으로 통과한 반듯한 길이 곳곳에 뚫려 있음에도 그 계단이 마을로 들어서는 초입처럼 느껴진다. 시골마을 둥구나무처럼 말이다.
 계단 바로 옆 조그만 가게에 들렀더니, 그 계단이 일제 강점기부터 있었던 거라 말해 준다. 1932년 충청남도청을 공주에서 지금 자리로 옮길 즈음이었단다. 도청에서 근무하는 공무원의 사택을 산 날망에 만들면서 통행할 수 있도록 계단도 함께 만들었다. 그 위에 콘크리트 포장만 덧씌우고 중앙 부분에 손잡이를 만들고 차량 통행을 고려한 형태로 약간 변형했을 뿐 나머지는 그대로다.

일제 강점기부터 있었던 계단

그렇게 따지고 보면 마을을 본격적으로 형성하던 그 시점에 통행을 위해 만든 계단이니 초입으로 보는 것도 무리는 아니다.

계단 양옆으로 다세대 주택이 들어섰고 그 주변에 예쁘고 아기자기한 단독주택이 함께 공존한다. 계단을 모두 올라 마을 중심에 다다르면 이곳이 갖고 있는 명성을 제대로 느낄 수 있다.

"옛날에야 선화동하고 대흥동에 잘사는 사람 다 모여 있었지."

이걸 꼭 과거형으로 말해야 할지 잘 모르겠다. 넓은 평수의 고층 아파트보다는 빨간 벽돌로 지은 이층집에 대한 로망이 더 강한 세대여서 그럴 수도 있다. 다양한 형태, 독창적인 느낌을 주는 빨강 벽돌 이층집은 선화동이 왜 그런 명성을 갖게 되었는지 말해 준다.

정성껏 지은 집만큼이나 정원수에도 많은 공을 들인 표가 났다. 집집마다 감나무와 소나무, 히말라야시다까지 정말 다양한 나무가 숲을 이룬다. 뙤약볕 아래 골목길을 누비는 것이 보통 고역이 아니었으나 집집마다 자라고 있는 터질 듯한 푸른빛이 마음을 달래 준다.

다양한 형태 건축물 공존

선화동은 수백 년에 걸쳐 형성된 전통적인 농촌마을과는 다르게 100여 년, 광복과 전쟁 등을 고려하면 50~60년 사이에 꼴을 갖춘 마을이다. 이 점을 알면서도 묘한 전통성이 느껴지는 건, 대전이 근대도시라는 배경과 무관치 않을 게다. 재미있는 것은 2층, 3층 집들과 어우러져 최근에 신축한 다세대주택(빌리지라는 이름이 많았다)과 빨간 벽돌집이 본격적으로 들어서기 전에 지은 기와집이 공존한다는 점이다.

조금 길게 보면 70~80년이라는 시간선 위에 점점이 박힌 주거용 건축의 변화를 읽을 수 있다. 이곳을 모두 밀어 버리고 아파트단지를 신축하려 하다니 안타깝다. 물론, 주민 중에 실제로 재개발사업이 근시일 내에 이루어질 것이라 믿는 이는 없었다. 그래도 대전시로부터 인가를 받고 주민조합도 설립했다니 걱정스럽기는 하다.

　사유재산을 어찌할 도리는 없겠지만 그래도 지금 모습에서 크게 변화 없이 제 모습을 지켜 주었으면 하는 심정이다.

　빨간 벽돌집이 모여 있는 곳에서 남쪽으로 조금 더 내려오면 다시 작은 계단을 만난다. 바로 그 곁에 광복 전에 지은 것으로 보이는 건물 한 채가 남아 있다. 지금은 문을 닫았지만 한때 가게를 해서, 조금 어색한 녹색 셔터가 집 정면을 가로막고 있다. 정면에서는 지붕만 간신히 보이지만 측면에서 보면 집 형태

중구에서 매입해 노인회에 제공한 건물.

를 대략 짐작할 수 있을 만큼은 보인다.

그 골목을 따라 들어가면 노인사랑방이다. 여느 마을회관처럼 새로 지은 것이 아니라 일반 가정 주택을 중구에서 매입해 노인회에 제공한 형태다. 중구가 매각하거나 부수고 신축하지 않는 이상 지금 형태를 유지할 건축물이 있는 셈이다. 반갑다. 터를 매입하고 뻔한 관용 건물을 짓는 대신 주택을 매입해 공공시설로 사용한 사례다.

우연히 만난 '대한여관'

"이 동네가, 대전시가 생길 당시에는 사실상 도시 끝이었지. 이 너머 용두동은 다 산이었고 목동이나 이런 곳에도 그냥 논밭이나 아까시나무가 많은 산이었으니까. 용문동도 그렇고. 당시에 여기에는 대부분 일본 사람이 살았지."

노인사랑방에서 전대근(87) 노인회장을 만날 수 있었다. 전 회장은 광복 직전에 선화동에 들어와 지금껏 살았다. 당시 선화동에서 제법 잘 나갔던 인물로 아라카와, 야시다, 나가이 등 세 사람을 거론했다.

"아라카와라는 사람은 자기 집을 짓고 그 옆에 공원도 만들었어. 그 공원을 아라카와 공원이라고 불렀었지. 지금은 없어. 그러니 이 동네에 적산가옥이 많을 수밖에."

일제 강점기에 사람들이 모여 살기 시작했더라도 지금 보는 형태는 아닐 게다. 지금 형태의 뿌리는 한국 전쟁 후로 보는 것이 맞다. 처음에는 토담집으로 시작해 이후 말집, 흙벽돌집, 붉은 벽돌집, 다세대주택. 이렇게 선화동 주택 변화를 정리해 볼 수 있지 않을까? 그리고 지워지지 않은 시간의 흔적이 여전히 남아 있는 꼴이다.

1942년에 지은 대한여관.
출입문과 창문, 창틀의 형태가 흥미롭다.

지워지지 않은 흔적 중 가장 깊은 인상을 심어 준 것은 '대한여관' 자리다. 충남학원 옆 골목으로 들어서면 찾을 수 있다. 2층 건물인데 출입문과 각 방 창문, 창틀의 형태가 흥미롭다. 곳곳에 보수 흔적이 보였지만 오래된 역사의 흔적은 그 틈을 비집고 배어 나왔다. 미진세탁소에 들어서기 전에는 그냥 오래된 건물인 줄만 알았다. 미진세탁소는 대한여관 자리와 골목을 사이에 두고 마주본다.

경찰국 관사, 지금도 그 자리에

"옛날에 대한여관 하면 유명했는데, 저 건물이 일제 강점기에도 있던 건물이에요. 처음부터 여관이었어요. 건축물 대장을 확인하면 1942년에 지은 걸로 나와요."

권한만 있다면 문화재로 지정하고 싶은 심정이었다. 충남도청 이전 시점이 1932년인 것을 감안하면 주변에 여관 하나 정도는 있어야 했을 것이다. 확인이 필요하겠지만 대전에 남아 있는 건물 중 여관으로는 가장 오래된 건물이 아닐까 싶다.

대한여관에 대해 이야기해 준 미진세탁소 윤종수(70) 씨는 1965년 대전에 내려왔다. 공화당 일을 보던 시절이다. 1960년대 중반, 충남도청 공무원 월급이 2,500원 정도 할 때 3만 원을 번다는 한 세탁소 주인 말에 속아 시작한 일이란다. 실제 벌이가 그렇지 않아 다른 일을 하다가 지금 자리에서 세탁소를 개업한 것은 1985년이다.

"이 세탁소 건물도 일제 강점기에 지었어요. 건축물 대장을 살펴보니까 1942년이더라고요. 앞에 건물하고 같지요. 지금 세탁소를 들인 곳은 본래 마당이었어요. 그래도 안채는 옛날 건물 그대로죠."

윤종수 씨는 세탁소가 들어선 그 건물의 옛날 용도도 알고 있었다. 일제 강점기 경찰국 관사였단다.

"제가 처음 왔을 때하고 거의 달라진 것이 없는 동네예요. 집만 새로 지었을 뿐이죠."

재미있다. 조금 더 시간을 갖고 작정해 뒤진다면, 스토리가 무궁무진할 것만 같다. 이런 마을을 모두 허물고 사각형 아파트를 짓는다는 것은 아무리 생각해도 아깝다.

2010년 8월 40호

대전 중구 선화동

여전히 마당엔 석류가 익어 가고 있었다

선화동 주택환경개선사업 선화1지구

여전히 마당엔 석류가 익어 가고 있었다

 야트막한 동산이었을 게다. 인적이 없었던 아주 오래전에는 말이다. 용두동 미르마을아파트 옆쪽으로 들어가면 영렬탑으로 가는 길이다. 좌측으로 영렬탑 머리 부분이 보이고 오른쪽은 주거환경개선사업을 앞둔 선화1지구다.
 큼지막한 표지판이 곧 이곳이 없어질 것을 예고한다. 담벼락에는 100단위 숫자가 대충 그려져 있다. 사업을 위해 번호를 매긴 것으로 보인다.
 자전거를 끌고 가기에도 비좁은 골목길은 혈관처럼 마을 곳곳으로 뻗어 있고 집이 다닥다닥 붙어 있다. 앞집 텔레비전 소리가 들려올 정도로 가깝다. 나무들은 왜 그렇게 많은지. 감나무 오동나무 등에는 마을만큼이나 오랜 세

거미줄 같은 골목길의 중간에서 만난 '대선교회'에는
오랜 세월 정성을 들인 흔적이 남아 있었다.

영렬탑.

마을 안 좁은 골목길.

월이 내려앉았다.

안타까운 것은 사람들의 인기척이 거의 들리지 않는다는 점이다. 태반이 주인에게 버림받아 텅 비어 버렸다. 집은 사람의 기운이 없으면 금방 스러진다는 옛 어른의 말씀이 틀리지 않았다. 전체적인 느낌은 거무튀튀함. 오랜 세월은 그렇게 진한 색을 만들어 냈다. 차가운 콘크리트의 느낌마저도 세월 앞에선 안쓰러움을 자아낸다.

사람들이 북적거릴 때는 분명 그 날카로운 차가움을 간직하고 있었으련만 대부분이 떠나 버린 지금은 손으로 툭 건드리면 금방이라도 허물어질 것처럼 위태롭다.

텅 비어 버린 마을

골목길을 이리저리 걸어 본다. 마을은 계룡로 쪽으로 경사가 졌다. 그러니 과거엔 분명 동산이었을 게다. 달이 잘 보이는 곳을 달동네라 한다면 이곳은 달동네다.

곳곳엔 불이 났던 흔적도 보인다. 이젠 불이 나도 이웃에 옮겨 붙지만 않으면 내버려 두는 모양이다. 을씨년스러움을 더한다. 한때는 사람들로 가득했을 곳이 이렇게 한순간에 고요 속으로 빠져 버린다는 것이 신기하다.

간혹 사람은 있는 것 같으나 대문은 굳게 닫혀 있는 집도 보인다. 섣불리 문을 두드리고 들어서기가 꺼려진다. 그러면 안 될 것 같은 생각이 들게 하는 것은 도심 한가운데서 맞닥뜨린 지나친 고요함 때문일 게다.

골목을 뱅뱅 돌아 대문이 열려 있는 집 한 채를 발견한다. 그곳엔 강달섭(86)씨 부부가 살았다. 옹색한 대문과는 달리 안채는 널찍했다. 집은 한 울타리 안에서 두 채로 나뉘었다. 그 큰 집에 노부부 단둘이 살고 있지만 그리 휑하다는

한순간에 고요해진 마을에서 강달섭 할아버지 내외는 살고 있다.
그들의 집은 재개발 사업에서 제외됐다.

느낌은 들지 않는다.

그것 역시 세월이 만들어 놓은 풍경일 것이다. 연기군이 고향인 강달섭 씨는 1970년대 초반에 지금의 집으로 이사 왔다. 당시 돈으로 150만 원 정도를 집값으로 지급했다. 그 당시에는 대전의 중심에 있는 꽤 괜찮은 동네였다고 한다.

"재개발된다는 얘기는 10년도 훨씬 전에 나왔지. 그래서 어지간하면 고치지도 않고 살았는데 이럴 줄 알았으면 고치고나 살 걸 그랬어. 그래도 여기서 4남매를 다 키웠는데…."

선화동 382-3번지. 그곳은 이번 주거환경개선사업 대상지에서 빠졌다고 한다. 집 대문 앞으로 도로가 난다는 이야기만 들었단다.

마당엔 매실나무와 영산홍도 자라고 장독대도 있다. 툇마루에 앉아 대전 옛 도심을 내려다보는 강달섭 씨는 표정이 없다. 휘휘 돌아온 골목의 표정과 꼭 닮았다.

아랫자락엔 옅은 사람 냄새 남아

골목 중간에 꽤 널찍한 자리를 차지하고 있는 대선교회(담임목사 윤정현)를 만났다. 그날 대선교회에서는 이전 건축을 위한 사업자 설명회가 있었다.

등나무 아래 벤치와 교회 주변을 두른 정원수가 얼마나 정성을 들였는지 짐작할 수 있게 해 준다. 머릿돌을 보니 지금 교회는 1975년에 신축한 건물이었다. 2층으로 올라가는 계단이 만질만질한 과거 학교 계단을 연상케 한다. 교회 관계자는 이전에 대한 아쉬움을 이야기했다. 버스에서 내려 힘들게 오르막을 올라온 주민이 그곳에 앉아 땀을 식혔을 게다.

도로를 내달리는 자동차 소리도 들리고 인근에 들어선 높은 빌딩도 보이는 곳. 마을의 아랫자락으로 내려섰다. 그곳엔 그나마 아직도 집을 지키고 살아가는 사람이 좀 있는 편이었다. 그 덕분에 꼭대기와는 다른 분위기를 연출한다. 골목길에도 사람 냄새가 묻어 있다.

'196'이라는 붉은 글씨가 새겨진 집에선 도배공사가 한창이었다. 주인 문복순(58) 씨. 한쪽 팔이 불편하고 남편도 몸이 불편한데 친정 이모까지 모시고 사는 맘씨 좋은 사람이란다. 이웃에서 마실 온 사람이 들려준 이야기다.

"올 11월에 보상이 시작되고 내년 6월에는 나가야 한다고 하던데. 그동안에 혹시 월세라도 놓을 수 있을까 싶어서 고치는 거예요. 아직 이사 갈 집은 못 구했죠. 보상이나 받아야 알아보기라도 할 텐데. 어떻게 되대요?"

집에 온 손님에게 차 한 잔 대접하지 못했다며 안절부절못하는 모습에 되레 민망하다. 마당엔 석류가 익어 가고 있다.

길가 상가건물도 헐릴 예정

조금 걸어 내려오면 금방 딴 세상과 만난다. 차량은 정신없이 바쁘게 도로를 내달린다. 정글을 헤치고 나와 넓게 이어지는 평원과 만난 느낌. 공간에서 시대를 나누는 경계는 그리 두텁지 않았다.

큰 도로를 접해 길게 이어진 상가건물도 모두 재개발 대상으로 헐릴 예정이다. 표구사와 미용실이 절대 다수다. 한동안 표구사 특화 거리로 조성할 생각도 했었다는 말에 고개가 끄덕여질 정도로 많았다.

개중엔 건축 연도가 한참을 거슬러 올라갈 것 같은 건물도 보인다. 열쇠가 채워진 나무문이 인상적인 '수경 쌀 상회'나 건물 외벽에 '3세대 화실'이라는 오래된 간판이 걸려 있는 건물까지. 가까운 시일 안에 헐릴 것이라 생각하니 괜스레 씁쓸하다.

대전MBC 건물도 핏기 잃은 모습으로 그 자리에 서 있다. 여느 건물과 달리 조형미도 신경 쓴 건축물이다. 앞으로는 지역 역사책에서나 볼 수 있을 것이다. 그렇게 유성 쪽으로 조금 내려가면 이번 선화1지구 주거환경개선사업지구의 경계와 만날 수 있다.

소위 용두시장 먹자골목이라 불리는 곳과 무궁화백화점이 골목을 이루는 곳. 그곳이 주거환경개선사업 경계면이다. 그 모퉁이에 '유성슈퍼'가 있다. 턱으로 나뉜 모습에서 건물을 확장했음을 알 수 있다. 무궁화백화점에 면한 부분이 유성상회다. 어림잡아 50년은 넘은 가게 자리란다. 그걸 주인이 인수해 과거 삼성 제재소 대문자리까지 늘려 유성슈퍼로 리모델링해서 10년 정도 운영하고 있다. 한국 전쟁 당시 북에서 피난 온 길원택(72) 씨가 삼성 제재소를 운영했다고 한다. 20년 전 일이란다.

옛 대전MBC 사옥.

그 모퉁이를 돌아가면서 먹자골목인데 옛날의 위용은 찾아볼 수가 없다. 중앙시장 다음으로 용두시장을 꼽을 정도로 번성했던 시기가 있었지만 지금은 그렇지 않다. 용두동 쪽에 대규모 아파트 단지가 들어서면서 장사가 더 안 된다는 게 상인들의 한결같은 얘기다.

골목길 볼 수 있는 시간 얼마 안 남아 　그 먹자골목에서 요상한(?) 가게를 발견했다. '만물상회'라고 해야 옳을 것 같다. 지붕의 한쪽 처마를 이용한 것처럼 길쭉한 모양이다. 한눈에 봐도 없는 게 없다. 라면 등 식료품부터 생활잡화까지 모두 구비했다. 주인아저씨 이교실(72) 씨가 20년 동안 운영한 가게로 이름은 '보문상회'다. 아저씨 집이 보문산에 있어 보문상회란다. 아저씨는 아파트가 들어서기 전까지 해물을 주로 취급하며 부수적으로 식료와 생활 잡화를 팔았다고 한다.

"아파트 개발하기 전에는 이웃 간에 정도 좋았고 장사도 잘됐는데. 아파트 들어오면서 장사가 안 돼서 해물은 치워 버렸어."

아저씨 주위를 빙빙 도는 강아지를 닮은 고양이는 쥐를 무척 잘 잡는단다.

조금 위쪽으로 올라서면 그 자리에서 30년 동안 성은지업사를 운영하고 있는 조영자(66) 씨를 만날 수 있다. 헐리더라도 단골이 많아 멀리는 못 간다는 조영자 씨는 용두미르마을아파트 주민이다.

먹자골목 쪽으로는 근린생활시설이 들어설 것으로 계획되어 있다. 나머지 대부분은 공동주택지다.

중구청의 자료에 따르면 선화1지구 인구는 1천 389명 463세대다. 그중 자가 세대는 176세대, 임대 세대는 287세대로 임대가 훨씬 많다. 건축물은 총

용두시장 먹자골목에서 보문상회를 운영하는 이교실 씨

쥐를 잘 잡는다는 보문상회의 고양이.

348개. 그 건물 담에 써 놓았던 번호의 끝이 348번이라는 얘긴가? 2010년까지 계획대로 사업이 마무리되면 665세대의 아파트가 들어설 예정이다. 사람 냄새 물씬 풍겼을 선화동 380번지 일원의 전형적인 우리 골목길을 볼 수 있는 시간이 얼마 안 남았다는 얘기다.

사진 점필정　　　　　　　　　　　　　　　　　　　　　　2007년 8월 4호

대전 중구 선화1동

칼국수 가게가 많이 모여 있는 그 골목

선화1동 갤러리아백화점 뒤편

칼국수 가게가 많이 모여 있는 그 골목

선화1동은 갤러리아백화점 부근에서 길 건너 충남도청까지 꽤 넓다.

대전향토사료관 기록에 의하면 선화동 일대에 옛 지명으로 가양평과 장자벌, 감삿골, 분툣골 등이 있다고 한다. 가양평을 제외하고는 모두 충남도청 쪽을 가리키는 옛 지명이다. 그러나 이번 답사는 갤러리아백화점 뒤편을 중심으로 훑었다. 충남도청 쪽으로 길을 건너지 않았다.

중앙로를 사이에 두고 대흥동에서 건너편 선화1동을 바라보면 한때 대전의 명동이라 부를 만큼 번화했던 선화1동의 외형이 눈에 들어온다. 울긋불긋한 현대식 간판이 걸려 길을 오가는 사람의 시선을 붙든다.

대흥동에서 바라본 선화1동의 변화한 모습.
깔끔하게 정리된 대로변과는 달리 안으로 들어가면
세월 앞에 무기력하게 무너져 내리고 있는 골목과 마주하게 된다.

시선을 거두고 지하상가로 내려가 선화1동으로 진입하면 곧바로 만나는 것이 갤러리아백화점이다. 갤러리아백화점 자리는 1930년대 대전법원지원이었다가 대전소방서, 미국문화원 등이 자리했고 1950년대에 대전문화원으로, 1960년대에 시민관으로 바뀌었다가 동양흥업주식회사가 들어서면서 지금의 백화점이 되었다.

60대 주민들은 그곳에 문화원이 있었던 것을 기억해 냈고 40대 전·후반의 주민은 시민관부터 기억을 해냈다. 영화를 상영했던 당시 최고의 극장이 시민관이었다는 식이다.

백화점을 끼고 골목으로 들어가니 성사진관의 오랜 간판이 아직도 걸려 있다. 정면 쪽의 깔끔한 새 간판과는 달리 뒤편의 낡은 간판에는 아직도 붙어 있는 'since 1925'라는 문구가 경외감을 준다.

안으로 들어갈수록 대흥동 쪽에서 보았던 번화한 이미지와는 완전 딴판이다. 아직도 20~30년 전 어디쯤에서 헤매고 있는 오래되고 무거운 공기만이 가득할 뿐이다.

그곳에서 학창 시절의 추억이 있는 칼국수 골목 쪽으로 방향을 잡는다. 정말 싼 가격에 칼국수와 두루치기, 소주를 마실 수 있는 그 골목의 식당은 학창 시절 대규모 모임이 있을 때 꼭 찾던 곳이다. 30년 전통의 광천식당은 여전히 그곳을 지키고 있다. 맞은편에 30년 이상 된 청양식당도 문을 열어 두었고 20년 가량 된 우리칼국수도 손님 맞을 채비에 분주하다.

칼국수·두루치기 명성 여전, 그러나…

"대전 최초의 칼국수 골목이라고 봐야 하나? 옛날에는 정말 좋았지. 이 옆에 봐. 건물과 건물 사이에도 저

오랜 전통의 광천식당.

렇게 구둣방이 들어올 정도였으니까. 대전 시청하고 법원하고 옮겨 가면서 이렇게 됐어. 지금은 빈집이 얼마나 많은데."

우리칼국수 앞에서 만난 박종법(65) 씨는 이미 페인트가 떨어지기 시작한 오래된 구둣방을 손으로 가리킨다. 건물과 건물 사이를 막아 손바닥만 한 공간을 만들었다. 그래야 했던 시절이 있었다는 얘기다. 한때 대전에서는 꽤 유명했던 '오팔 컴퓨터 학원'이 있던 건물도 1층을 제외하고는 모두 빈 상태라고 한다. 그 건물 앞 전봇대에 일방통행을 위해 좌회전, 우회전을 금지해 놓은 표지판이 쓸쓸하다.

그나마 칼국수 가게가 많이 모여 있는 그 골목은 여전히 사람 냄새가 풍겼다. 평일 대낮인데도 셔터가 굳게 내려간 집이 몇 곳 보였지만 일부 건물은 리모델링을 하고 있었고 띄엄띄엄 오가는 사람과 지나는 차들이 있었다. 그곳에서 더 안쪽으로 들어가니 글자 그대로 휑뎅그렁하다. 여전히 과거 명성을 간직한 희락반점의 선명한 간판색이 어색할 정도였다. 조금 더 들어가니 '남향세탁소'가 문을 열고 있다.

"옛날에는 여기에 요정이 참 많았어. 지금은 다 없어졌지만 20~30년 전에는 정말 장사가 잘됐지. 우리 세탁소도 요정에서 일하는 아가씨들 한복하고 모

성사진관의 오래된 간판. 오팔 컴퓨터 학원 앞 표지판.

선화동의 역사를 간직한 오랜 가게들.

시옷 세탁하느라고 다른 옷은 받지도 못했다니까."

세탁소 주인 홍권열(63) 씨도 그곳에서 30년 인연을 쌓고 있다. 그렇다 보니 옛일을 꽤 많이 기억하고 있었다.

삼성생명 옆 하천이 흐르고

"저 건너 삼성생명 건물 옆으로 개울이 있었어. 거기 복개공사가 한 번에 안 됐거든. 일부만 하고 나머지는 조금 있다 하고 그런 식이었지. 어느 날인가 삼륜차가 신나게 달려오더니 복개가 끝난 지점에서 그대로 날아 개울로 폭 떨어졌지. 뒤집히지도 않고 그대로…."

아직도 그때 모습이 눈에 선한지 입가에 웃음이 한가득이다. 개울을 복개해 만들 길이 중간에 그렇게 끊길 수도 있다는 것은 웬만한 조심성이 아니면 예측하기 쉽지 않다. 그 삼륜차 말고도 간혹 오토바이가 빠지는 등 위험했던 모양이다. 결국 부근에 있던 동사무소에서 임시 조치를 취해 놓고 나서야 사고가 줄었단다. 홍권열 씨는 선화동이 변화했을 때 일을 끄집어내는 것이 무척 즐거운 눈치다. 바로 인근, 삼거리 모퉁이에 있는 원정약국도 30년 이상 되었지만 추억을 얘기해 주는 대신 시원한 드링크를 하나 건넨다.

약국에서 대각선으로 마주 보이는 2층 건물은 전체가 문을 닫았지만 1층 애심미용실은 여전히 문을 열고 있었다. 요정이 한창 주가를 올릴 때 아가씨들이 단골로 찾았던 미용실이다.

이름을 가르쳐 주지 않은 미용실 원장이 그 가게를 지킨 것만 30년이다. 본래 미용실이었던 것을 인수했으니 실제로 그 자리에 미용실이 있었던 역사는 한참을 더 올라갈 참이다.

"서울에서 미용실을 하고 있었는데 대전에 친구가 있어 내려왔다가 여기에

눌러 앉게 됐죠. 그때가 스물다섯 살이었는데. 지금은 그냥 집에 있으면 심심하니까 나와요. 단골손님이 간혹 오고 하루 종일 그냥 있다가 가는 날도 있고요."

가게엔 미용 의자가 딱 두 개 있었다. 그 옛날에도 그 의자 두 개에 원장을 포함해 미용사 두 명이 달라붙어 머리를 손질했다고 한다. 의자 두 개 들어가면 딱 맞는 좁은 그 공간에도 선화1동의 역사가 들어앉아 있었다.

폴폴 날아가는 추억을 붙잡아 준 이들

골목을 돌아 얼마를 걸어 삼성생명 골목에 접어드니 송월슈퍼가 눈에 들어온다. 20여 년 전에도 보았던 기억이 어렴풋해 무작정 들어가 주인을 불렀다. 이계천(63) 씨는 그곳에서 나고 자라 선화초등학교를 졸업한 토박이였다. 그곳에서 슈퍼를 한 지는 20년이 훌쩍 넘었다고 한다.

"지금 여기서 살고 있는 사람은 나밖에 없는 것 같은데. 친구들은 벌써 다 떠나고. 옛날에는 여기가 대전 명동이었잖아. 시청하고 법원 옮기면서 이렇게 됐지. 그때는 저 대흥동이나 은행동은 다 판잣집이었다고. 그런데 지금은 여기가 이렇게 텅텅 비었어. 도청 옮겨 가면 더하겠지 뭐."

이계천 씨는 어릴 적 놀던 집 앞 개울을 기억하고 있었다. 남향세탁소 홍권열 씨가 얘기했던 그 개울이다. 보문산에서 흘러나온 개울은 삼성생명 옆을 지나 선화초등학교 즈음에서 꺾여 대전천으로 합류한다고 말했다.

"글쎄, 뭐 특별히 해 줄 얘기가 있나? 여기는 그냥 사람들로 바글바글했었지. 저 삼성생명 자리가 옛날 대덕군청 자리였다는 것 말고는 뭐."

대전향토사료관에 따르면 갤러리아백화점 옆쪽으로 '가양평'이라 불렀던 큰 들이 있었다. '갱잇들'이라고도 부른 이 들에는 광복 후에 투견장도 있었단다.

그러나 이를 기억하고 있는 주민은 만날 수 없었다.

대전의 다른 곳과 마찬가지로 지금 이곳도 '도시환경정비사업'이 추진 중이다. 올 4월 18일 조합 설립이 승인되었다는 축하 현수막도 내걸렸다. 주민들은 빠른 시일 안에 이루어질 것이라는 기대는 하지 않는 눈치였다. 오히려, "이곳이 다시 옛 명성을 찾을 가능성이 얼마나 될 것 같으냐?"라고 반문하는 주민이 있었다. 대흥동 쪽이 최근 다시 활력을 되찾아 가는 모습을 보면서 약간의 희망이 이는 모양이다.

대전시에서 중앙로와 그 인근에 대한 많은 계획을 가지고 있으니 지금과 같은 이런 상황은 아니지 않겠느냐는 두루뭉술한 답변을 할 수밖에 없었다. 선화1동, 갤러리아백화점 뒤편을 걸어 다니며 발견한 하나의 공통점은 일부 사무실을 제외하고, 여전히 문을 열어 둔 채 손님을 기다리고 있는 집은 대부분 20~30년이 훌쩍 넘은 곳이라는 사실이었다.

몇 번의 겨울을 견디며 어쩌면 이번에도 다시 봄이 올 수도 있다는 희망을 가졌던, 우리 오래전 인류처럼 말이다.

2008년 8월 16호

대전여지도1

초판 1쇄 펴낸날 2016년 9월 24일
글·사진 이용원

펴낸이 이용원
펴낸곳 (주)월간토마토
책임편집 이혜정
디자인 원나영, 이송은, 김다은
마케팅 조지영, 이상윤
인쇄 영진프린팅
등록 2010년 3월 23일 (제25100-2010-000004호)
주소 34920 대전광역시 중구 대종로 451 2F
전화 042.320.7151 **팩스** 0505.115.7274
이메일 mtomating@gmail.com **홈페이지** www.tomatoin.com
페이스북 월간 토마토 **인스타그램** @magazinetomato

"마을에 덜컥 찾아온 낯선이에게 따뜻하게 마음을 열어 주신 모든 분에게 감사합니다."

- 이 책은 저작권법에 따라 보호받는 저작물이므로 무단 전재와 무단 복제를 금하며, 이 책 내용의 전부 또는 일부를 이용하려면 반드시 저작권자와 (주)월간토마토의 서면 동의를 받아야 합니다.
- 파본이나 잘못 만들어진 책은 구입하신 곳에서 교환해 드립니다.
- 이 도서의 국립중앙도서관 출판예정도서목록(CIP)은 서지정보유통지원시스템 홈페이지(http://seoji.nl.go.kr)와 국가자료공동목록시스템(http://www.nl.go.kr/kolisnet)에서 이용하실 수 있습니다.(CIP제어번호: CIP2016020441)

ISBN 978-89-97494-36-1 04810
978-89-97494-34-7 (세트)
ⓒ2016 (주)월간토마토 Printed in Korea